中国管理名家文库

未来的管理

The Future of Management

陈劲 著

企业管理出版社
ENTERPRISE MANAGEMENT PUBLISHING HOUSE

图书在版编目（CIP）数据

管理的未来/陈劲著. — 北京：企业管理出版社，2019.4
ISBN 978-7-5164-1943-4

Ⅰ．①管… Ⅱ．①陈… Ⅲ．①企业管理—文集
Ⅳ．①F272-53

中国版本图书馆 CIP 数据核字（2019）第 071296 号

书　　名：	管理的未来
作　　者：	陈　劲
责任编辑：	蒋舒娟
书　　号：	ISBN 978-7-5164-1943-4
出版发行：	企业管理出版社
地　　址：	北京市海淀区紫竹院南路17号　　邮编：100048
网　　址：	http://www.emph.cn
电　　话：	编辑部 (010) 68701661　　发行部 (010) 68701816
电子信箱：	26814134 @qq.com
印　　刷：	三河市荣展印务有限公司
经　　销：	新华书店
规　　格：	889毫米 × 1194毫米　32开本　7.75印张　133千字
版　　次：	2019年5月第1版　2019年5月第1次印刷
定　　价：	46.00元

版权所有　翻印必究·印装有误　负责调换

"中国管理名家文库"出版说明

企业管理出版社自成立以来，始终坚持面向企业、为企业和企业家服务的办社宗旨，紧紧围绕国家经济建设和中国企业改革与发展的主线，致力于传播管理前沿理论、知识、方法，推广先进、典型的管理实践经验，编辑出版了大量管理理论和管理实践类专业图书，受到读者和企业界的好评。

为总结和传播我国管理研究与管理实践的优秀成果，推动我国管理教学与研究及管理实践迈上新台阶，企业管理出版社汇集我国当代著名管理专家和优秀企业家的精品原创著作，编辑出版"中国管理名家文库"（以下简称"文库"）。

"文库"有以下几个特点：

第一，作者队伍阵容强大。"文库"作者队伍由权威管理专家和知名企业家组成，他们是我国在管理研究和实践创新方面有独到建树并取得卓越成就的专家和企业家。

第二，内容涉猎范围广。"文库"收录的著作内容既包括管理学术研究建树和管理实践成果，也包括专家和企业家的管理思想，还包括专家和企业家对管理的感悟和心得，等等。只要对管理专业人士或管理者有价值,都可收入"文库"。"名家"们可以向读者展示自己最想展示的内容。

第三,形式不拘一格。"文库"对收录的著作表现形式不做硬性规定和要求,"名家"们可以自由发挥,以自己喜欢的形式撰写。

我们期待"中国管理名家文库"能够对我国管理研究和管理实践的持续进步起到应有的促进作用。

前言/PREFACE

迈向管理新时代

　　管理，究其思想、理论与方法，是人类文明的重要产物。从古埃及的建筑到当代的信息革命，管理的出现，使得人类的工作及生活"多、快、好、省"，从短缺经济社会成为富足社会。进一步提升与推广现代管理思想与方法，对未来社会发展具有重要的价值。

　　系统的管理理论与方法诞生于产业革命和工业文明，诞生于美国费城的弗雷德里克·泰勒在1911年出版了《科学管理原理》，由此树立了管理理论发展的里程碑。以效率、运营为核心的现代管理为现代组织带来了极大的福音，至今仍发挥着巨大的效能。

　　在随后的管理百年发展过程中，纵然出现了许多杰出的管理思想与方法，但是根植于创新与智慧的管理思想，并未得到极大的发展。这是因为现代管理的源生地——西方——400多年来深受牛顿线性、静态的世界观影响。

　　进入21世纪以来，尽管创新已日益成为现代组织的主要任务，但现有管理学体系几乎没有创新的应有印记。殊不知，1912年，伟大的经济学家熊彼特出版了影响世界的《经济进化理论》，呼吁人类对创新这一重要活动的认识。

　　我自1989年师从著名创新大师、中国工程院院士、浙江大学教授许庆瑞先生以来，一直从事研发与技术创新管理的研究与教学，在系统研究企业技术创新规律的基础上，深感企业管理变革的重要性，如果企业一直沿用基于效率导向的现代管理模式，将极大地影响其组织活力和竞争力。为此，我极其关注现代管理学的改造与发展，逐步设计了以知识与创新为核心的第三代管理学体系和以哲学人文为导向的第四代管理学体系。

本书是我对现代组织加强创新、构建创新性组织、实现管理创新的若干思索，目的是进一步推进下一代管理学的发展。

中华优秀文化饱含着创新精神。习近平在《在中国科学院第十七次院士大会、中国工程院第十二次院士大会上的讲话》中引用了《礼记·大学》中的"苟日新，日日新，又日新"来提倡创新精神。《周易·杂卦》提出："革，去故也。鼎，取新也。"《周易·系辞·上》提出："日新之谓盛德。"也就是说，懂得革故鼎新才是大吉大亨之事，日新才是盛德。儒、释、道各家都重视美好人格的养成，儒家提倡智、仁、勇"三达德"（《礼记·中庸》）或仁、义、礼、智、信（《孟子》）"五常"的人格论，道家提倡"居善地，心善渊，与善人，言善信，政善治，事善能，动善时"（《道德经》）"上善若水""道法自然"的人格论，佛家提倡"勤修戒定慧，息灭贪嗔痴"的常乐我净的人格论。

可以预期，以创新与和平为根基的中华优秀文化，不仅能对全球发展做出应有的贡献，还能将传统的静态的基于效率的管理学发展成面向创新与发展成动态的、以人文关怀为核心的面向创新与知识的新型管理体系。

陈劲

教育部长江学者特聘教授

清华大学经济管理学院教授

《清华管理评论》执行主编

目录 / CONTENTS

创新驱动、持续发展	1
向全球价值链中高端迈进	9
构建"中国制造2025"创新管理战略	15
中国企业崛起：经验、路径与瞻望	23
打造指数型组织	37
打造创新力的黄金律	47
企业技术创新体系的演化与发展	55
高铁核心技术能力突破之谜	65
打造创新极客	79
要有"互联网精神"，更要有"工匠精神"	89
未来管理职能的提升	93
找寻愿景的哲学	99
构筑组织的生态体系	105
后管理时代的管理模式创新	111
创新管理对经典企业管理理论的挑战	119
中国企业当前最需要"紫海战略"	131
动态能力与水之哲学	139
管理的"知识人"时代	155

开放创新下的人力资源管理创新	161
企业技术创新管理研究三大热点	173
企业国际化与中国文化海外传播	179
管理的本质	183
三元一统——管理、领导和服务的整合	191
超越现代性，构建后现代性	195
"人本管理"登上舞台	201
第三代管理学的兴起	209
迈向第四代管理学	215
战略管理的新框架	221
将管理创新进行到底	233

创新驱动、持续发展

创新已成为经济社会发展的主要驱动力之一，创新能力已成为国家竞争力的核心要素。全球科技创新不断加快，世界各国纷纷将实现创新驱动发展作为战略选择，并将之列为国家发展战略。

21世纪以来，在党和政府的战略设计和有力组织下，中国的科技创新呈现良好的发展势头，在国际上赢得广泛关注和充分肯定。载人航天、深海工程、高速铁路、高速计算、西电东输、南水北调等国家重大工程发挥出重要作用，互联网商业应用方面的创新层出不穷。

习近平总书记强调，必须坚持走中国特色自主创新道路、加快实施创新驱动发展战略。"十三五"是中国科技创新的关键时段。科技的全球化、科技的聚合、互联网的推广等，为中国"十三五"的科技创新带来巨大的机遇。中国的工业化、信息化、城镇化、农业现代化和绿色化的"并联"实施,特别是城市化、生态文明建设等,更是为"十三五"的科技创新提供了强大需求。

高度重视前沿科研

模仿创新曾是实现我国科技创新强国战略的重要途径。通过引进国外先进的生产制造经验以及合作进行产品开发,我国创新能力有了明显提升,然而产业核心技术的引进与合作已然越来越困难,必须对创新的战略进行调整与重构。

发达国家对我国先进技术的封锁限制,给我国实现全面技术追赶战略和推动产业经济的可持续发展带来挑战。尽管中国拥有全球科技资源获取和技术引进的优良机遇,但核心技术不能自动获得,产业核心技术需要长期的积累才能产生。因此,鼓励大学、科研院所、骨干企业从事前瞻、核心、关键技术的开发具有重大的战略意义。

我国创新型国家建设的未实现目标之一,是产业核心技术的开发与产业化。将技术对外依存度控制在20%~30%以下,是"十三五"科技创新的重要指标。中共中央、国务院2012年9月印发的《关于深化科技体制改革加快国家创新体系建设的意见》中提出,"到2020年基本建成适应社会主义市场经济体制、符合科技发展规律的中国特色国家创新体系：原始创新能力明显提高，集成创新、引进消化吸收再创新能力大幅增强，关键领域科学研究实现原创性重大突破，战略性高技术领域技术研发实现跨越式发展，若干领域创新成果进入世界前列。"

这意味着必须通过实施全面技术追赶和局部技术赶超的创新战略，保护和放大过去几十年积累的创新成果，并在局部相对优势区域取得重大突破，这是提升我国自主创新能力的重要举措和关键路径。

加强基础研究和工程科技前沿投入，是实现自主原始创新的根本。要加大基础研究和前沿工程科技研究的投入，在若干可能发生革命性突破的科学、技术和工程方向上，力争开拓新问题、新理论和新方法。要进一步重视拔尖创新人才的培养，特别是世界级科学家、工程技术人才的培养，以稳定经费投入、具有国际竞争力的工资待遇和宽松的研究环境，培养一支高素质的从事基础研究、工程前沿科技的队伍。

科学作为技术的前端基础，要进一步获得重视。进一步提高基础研究在研发投入中的比例，是科技投入结构优化的关键。依照科研前移的特征，积极鼓励进行具有前沿性的基础研究，具有重大引领效应的基础研究，解决世界科技发展所需的基础性科学问题。

工程技术是中国独有的优势，我国在工程技术方面已经取得了突破性的进展,需要进一步持续投入,不断发挥这个优势。积极围绕我国工业化、信息化、城镇化、农业现代化、绿色化的"五化聚合",谋划新的国家工程科技重大专项,以重大专项项目牵引,凝聚世界一流的工程科技人才及团队,加强国家级工程科技基地的培育、布局与建设。

切实提高企业自主创新能力

国有大中型企业要承担产业创新能力建设的重要使命,在基础技术、核心技术和共性技术创新方面发挥主导作用;在全球化背景下,通过在全球布局研究与开发力量及建设创新网络,承担全球创新资源整合能力的重大责任。

为了发挥国有企业在提高创新能力上的先锋中坚作用,必须把国有企业,特别是中央企业纳入国家创新体系中,使其成为国家创新体系的重要组成部分,在战略性、前沿性、基础性的创新重大工程方面的研究应由国有企业承担完成。从政策、组织、体制、法律等全方位巩固与发展持续创新,包括中央企业技术创新专项基金的设置,在企业技术中心的基础上开展企业研究院、企业工程研究中心的设置等,培育引进发展汇聚多学科、有层次的创新型人才队伍,组建具有跨越、突破能力的创新团队。

同时,构建好跨组织或无边界的创新网络组织,发动广大职工群众持续地开展众创活动,把专职研发队伍与广大群众创新两支力量汇在一起,开展持续的全面创新活动,最大限度地发挥国有企业包括中央企业在科技创新方面的潜力。国有大中型企业将在中国创新走向强盛的过程中发挥主力军的作用。

"大众创业、万众创新"是新时期科技创新的新范式。随着知识经济时代的到来以及先进技术的大量涌现,创业创新将进一步得到发展。创业者是创新的主要实现者,创业创新更能打造响应和引领技术创新和商业模式创新的优秀企业。

要"让一切劳动、知识、技术、管理、资本的活力竞相迸发,让一切创造社会财富的源泉充分涌流",关键在于充分发挥人民群众的创造力,通过创业促进各类创新的发展。

让人民群众参与创意设计和技术开发,让投资者参与新事业的创立和发展,以及随之形成的创客实验平台、创新生态体系和创投聚合机制,将促进创意、创新、创业与创投的高度融合,产生更多的具有原创能力的中小企业,这些企业将在"十三五"期间进一步焕发出强大的创新活力,而成为中国创新走向世界前列的亮丽风景线。

进一步完善创新"生态体系"

通过国家科研能力建设、以产学研为核心的协同创新组织建设、中小企业创业创新平台建设等工作,打造更为完善的创新创业生态体系,这将为"十三五"时期科技创新的发展目标之一——自主创新能力全面提升——提供更有效的保障。

其一,强化国家科研能力面向科技前沿。国家科研能力指以学科前沿问题和经济社会发展中的重大理论与实践问题为中心,具有公共科技特性的基础研究能力、产业共性技术研发能力和工程技术研究能力。中国现有的研究机构存在规模小、重复建设、与企业功能趋同等弱点,不能很好地为企业提供有效的技术支持,有的甚至无谓地耗费了珍贵的科技资源。

在进行未来的科技体制改革的过程中,要创建能够支撑各个产业发展的产业研究院所,为产业技术的重大攻关提供稳定的保障。在此基础上,应集中资源在高校和科研院所中,着力打造一批具有世界领先水平的大规模的国家实验室,从事基础性、长远性和前瞻性、公益性的基础研究和科技前沿工作。

其二,促进以产学研为核心的协同创新体系。协同创新是一项更为复杂的创新组织方式,其关键是形成以大学、企业、研究机构为核心要素,以政府、金融机构、中介组织、创新平台、非营利性组织等为辅助要素的多元主体协同互动的创新模式，通过知识创造主体和技术创新主体间的深入合作和资源整合，产生更多的原始创新。

在科技经济全球化的环境下，实现开放、合作、共享的创新模式，被实践证明是有效提高创新效率的重要途径。充分调动企业、大学、科研机构等各类创新主体的积极性和创造性，跨学科、跨部门、跨行业组织实施深度合作和开放创新，对于加快不同领域、不同行业和创新链各环节之间的技术融合与扩散，显得更为重要。

其三，进一步加强对中小企业的创业创新支持。营造公平竞争的市场环境，大力支持中小微企业的创新活动，以企业需求为导向，构建公共创新服务平台，为中小微企业提供技术创新服务；要积极落实鼓励企业创新的优惠政策，进一步强化创业孵化器、创客空间等建设，完善中小企业创业创新的政策环境。

特别是积极探索利于创业创新的技术交易制度。在深化科技体制改革的背景下，进一步探索在科技成果的展示对接、技术评估、技术交易、要素配置等各环节释放市场潜能，探索科技成果转化服务的商业模式，大力促进科技成果的资本化、产业化，为中小企业创业创新的价值实现提供可靠的制度环境。

（本文内容原载于《瞭望》杂志，2015年第37期）

向全球价值链中高端迈进

党的十九大报告指出,"建设现代化经济体系,必须把发展经济的着力点放在实体经济上",要"促进我国产业迈向全球价值链中高端"。对于我国制造业而言,要迈向全球价值链中高端,必须加快建设"制造强国"的步伐,大力发展智能制造,不断培育制造业竞争新优势。

全球价值链的未来演进趋势

2008年国际金融危机之后,世界经济进入大调整、大重组、大变革时期。目前,国际贸易和投资总体复苏乏力,世界经济仍面临诸多不确定性,全球价值链也面临着重大调整和变革。但毋庸置疑,全球价值链仍将是促进世界经济发展的根本原动力。在全球化、信息化和科技革命推动下,全球价值链的链条将越来越长,分布将越来越广泛，碎片化和精细化趋势也将日益显著。全球价值链将向以下几个方面演进：（1）全球价值链引领世界资源深度整合，各国之间的联系将会比以往任何时期都更加紧密。（2）跨国公司在全球价值链中的主导地位将相对弱化，众包、众筹和创客的革命正推动个体和大众在全球价值链的各个环节中发挥越来越大的作用，中小微企业将在部分领域成为重要的产品或服务生产和贸易的主体。（3）伴随着经济全球化从全球制造向全球服务的延伸，服务业和服务贸易对全球价值链的主导作用将持续加深，服务在制造业价值链中的地位将会更加凸显。（4）全球价值链将促使发达国家与发展中国家形成相互合作、相互竞争的关系。（5）全球价值链的治理将成为国际合作的焦点，会有越来越多的多边框架和国家规则来解决相关的海关、跨境物流、跨境支付等问题。

我国制造业在全球价值链格局中的地位

对外开放40年以来，我国积极融入全球价值链，参与国际分工，获得了巨大的开放红利，走出了一条以开放促改革、促发展、促创新的成功之路。伴随着对外开放进程的加快，我国在全球价值链中的参与度显著提高，在有效推动经济增长、结构升级、效率提升、技术进步的同时，促进了中国与世界各国的互利共赢和共同发展。"中国制造"龙吟出鞘,"世界工厂"声名鹊起,与此同时,我国基础设施和工业化程度得到了巨大提高,但"中国制造"在产业链、价值链、创新链、投入产出等方面都与发达国家存在着不小差距,在产业创新能力、关键核心技术、高技能人才比例、软环境等方面也存在诸多不足和短板,这使我国制造业长期受困于"微笑曲线"低附加值的中底部区域,不仅制约了我国对外开放质量和效益的进一步提升,限制了参与全球价值链分工的积极作用,而且不利于稳步提高我国在国际上的话语权和影响力。

进入全球价值链中高端的主要标准

衡量一个产业是否处于全球价值链中高端,主要关注以下三点。

一是掌握自主知识产权和关键核心技术。回顾世界近代发展史,可以发现,谁掌握了自主知识产权和关键核心技术,谁就能成为世界强国。18世纪后半期,英国发明了蒸汽机,成为当时的世界强国;19世纪美国发展了电力,20世纪又开发了原子能和计算机,美国站在了世界强国之巅。历史告诉我们,自主知识产权和关键核心技术影响着社会的发展,也成为国家之间较量的利器。我国要实现从经济大国向经济强国的重大转变，唯有自主创新，推动"科技强"促进"产业强"，进而成就"经济强"的发展路径。

二是占据中高附加值环节。从全球价值链的"微笑曲线"来看，附加值更多体现在产业链两端的研发设计和销售服务上，处于中间的生产制造环节附加值最低。对企业而言，只有具备了产业高端研发技术、人才和完备的销售服务体系，才有可能在整体产业链中占据核心地位。近年来，国内企业已关注生产模式转型问题。一些制造龙头企业开始实施从提供单纯产品向整体解决方案的转变，通过增加产品的附加服务价值，争夺更多市场份额和企业盈利，如海尔集团、上汽集团、三一重工等。

三是拥有高质量和自主品牌产品。世界上制造业发达的国家无不拥有着令其感到骄傲、自豪的品牌，如美国的苹果、福特，德国的奔驰、博世，韩国的三星、LG等。我国在经过制造业长期发展之后，已有一批制造业品牌扬帆出海，成为国际市场上的"中国名片"。华为、海尔、联想、格力、比亚迪等，通过加强研发力度，引进优秀人才等措施，已成为拥有独立品牌和自主创新能力的新型高科技企业。《中国制造2025》明确提出要实现制造业质量大幅提升，鼓励企业追求卓越品质，形成具有自主知识产权的名牌产品，不断提升企业品牌价值和中国制造整体形象。

中国制造如何迈向全球价值链中高端区域

当前,全球制造业已进入更多维度、更深层次、更高水平的全方位竞争阶段,我国产业迈向中高端面临"双向挤压"的严峻挑战。在中低端领域,发展中国家之间的低成本、低价格竞争日趋激烈;在中高端领域,发达国家牢牢把控重点行业和领域的关键核心技术,以品牌质量稳占竞争高地,并在创新设计、关键技术创新、国际标准制定等方面掌握着话语权。我国制造业要迈向全球价值链中高端,必须瞄准国际标准,提高研发设计、销售服务水平。

一是实现国内价值链与全球价值链的高效对接。国内价值链是由本土企业主导,基于国内市场需求发育而成,通过优化国内流通和服务,逐步进入区域或全球市场的价值链分工体系。构建国内价值链可以为拓展全球价值链提供重要支撑,参与全球价值链也可以为国内价值链优化提供重要动力。两者相互联系,相互促进。

二是逐步向全球价值链"微笑曲线"两端延伸。价值最丰厚的区域集中在价值链的两端,即研发设计和销售服务。没有研发设计能力就只能做代工,赚一点辛苦钱;没有销售服务能力,再好的产品周期过了也只能作废品处理。因此,要引导制造业进入研发设计、销售服务等高附加值环节,最大限度激发创新积极性,实现从"中国制造"向"中国创造"跨越。

三是引导重要产业优化全球价值链布局。目前,生态环境、资源和成本、汇率等问题日益突出,"中国制造"单纯依靠低成本、低价格竞争已难以为继,转型升级势在必行。要优化产业价值链全球布局,积极参与全球资源深度整合,提升核心竞争力,更多嵌入高端环节,顺应全球制造——服务革命趋势,最终实现中国制造向全球价值链高端的跃升。

四是推进产品制造向精品制造转变。近年来,中国刮起抢购马桶盖、电饭煲等"海淘热",让"中国制造"陷入尴尬境地。越来越多的企业意识到,必须以细节锻造品质,树立质量为先、信誉至上的经营理念,推进品质革命和品牌建设。要培育一批有特色、有价值、有底蕴的"中国品牌",以品牌建设引领产业迈向中高端,提升"中国制造"的附加值和竞争力。

我们坚信,随着"中国制造"升级成为"中国智造",产品制造转变为精品制造,我国在国际上的话语权和影响力必将稳步提升,全球价值链中高端也必将迎来更多"中国元素"。

(本文原载于微信公众号"清华大学藤影荷声",2018年6月)

构建"中国制造2025"创新管理战略

创新已成为经济社会发展的主要驱动力之一，创新能力已成为国家竞争力的核心要素，各国纷纷将实现创新驱动发展作为战略选择，并将之列为国家发展战略。中国的传统产业升级、城市化、生态文明建设等，特别是工业化、信息化、城镇化和农业现代化的"并联"实施，为中国的技术创新提供了强大需求。中国自2006年提出自主创新的伟大战略，以此掀起了技术创新的发展热潮。党的十八大进一步明确提出，"科技创新是提高社会生产力和综合国力的战略支撑，必须摆在国家发展全局的核心位置"。

在党和政府的战略设计和有力组织下，中国的技术创新呈现出良好的发展势头，赢得了国际的广泛关注和充分肯定。中国的技术创新在载人航天、深海工程、高速铁路、高速计算、西电东输、南水北调等国家重大工程中发挥着重要作用，在互联网的商业应用方面，中国的创新层出不穷。

然而，中国经济的持续增长以及经济增长质量的提升，必须坚持企业的技术创新工作。技术创新要得到进一步进展，必须强调企业技术创新的管理工作。这是因为，创新是一个极为复杂的过程，需要依靠高度的创造力才能发现合适的机会，需要不断地尝试与优化以克服创新中固有的风险，需要组成多样化的团队以保持组织的活力。推进技术创新，真正贯彻创新驱动战略和中央经济工作会议精神，就必须强化以战略引领、优化治理、融合资源、强化核心、焕发活力为特征的企业技术创新活动。

加强对技术创新的战略引领

在中国的高等教育大众化战略下，越来越多的人接受了先进科技、经济与人文知识的教育与训练，为中国的技术创新发展供给强大的人力资源。在已经到来的互联网时代，创新的信息化条件进一步成熟，使创新供给和需求的连接率急速提升，知识和技术的全球化扩散正在实现，大规模群体创造成为现实，大爆炸式的创新正在涌现，企业可以同时实现差异化、低成本和良好的用户界面等全面竞争优势，改变了传统的波特式单一竞争策略。以中国的制造业为例，《中国制造2025》的颁布，给出了中国实施制造强国战略的行动纲领。那么，如何借鉴和运用先进国家制造业技术创新的经验，形成科学的具有中国特色的制造业技术创新战略就变得至关重要。工业4.0代表的德国制造的典型特点是智能与环保，代表企业是西门子。西门子为客户生活的重要方面提供高附加值的创新技术和解决方案，在智能控制系统、医疗保健和绿色建筑方面均处于世界领先地位。例如，西门子正在研发的智能传感器网络可以自动控制制造系统，将能源效率提高30%。医疗保健方面，西门子通过信息技术和诊断学共同提高效率。绿色建筑方面，西门子着力提供实现气候友好型建筑技术。

来自其他国家企业的技术创新模式也具有鲜明特色。美国制造始终关注科学基础，在工程科学方面投入了大量的资源。欧洲许多国家在复杂产品系统方面的创新拥有显著的优势。日本制造业创新的优势则在于精益和美学，丰田的"优雅革新"是典型代表。丰田始终坚信"普通"员工具有解决复杂问题的能力，这就在根本上增强了其持续改善的能力。印度制造业具有独特的"朴素式创新"特质。依赖于该思想，印度企业以当地的用户需求和市场特征为出发点，通过重新构架产品概念和减少不必要的产品设计，不仅降低了产品的生产成本，而且保持了产品的耐用性和易用性，获得了巨大的成功。印度塔塔公司生产的价格为2200美元的汽车Nano等朴素式创新产品，都是典型的成果。

因此，中国企业应深入学习《中国制造2025》，并进一步制订出更有中国特色的技术创新战略，即强调智能制造的深入落实，积极关注基于科学、面向复杂、关注精益、实现简朴等新的技术创新战略。

优化企业决策与治理机制

党的十八届三中全会，进一步强调了市场在配置资源方面的重要价值，同时也十分强调治理的重要性。在组织管理的框架下强调治理，是组织决策模式的重大变迁。因为单一主体的主观决策往往存在较大的风险，更重要的是，削弱了员工参与组织发展的积极性与创造性，而治理倾向于多个主体的多次协商，更显著的作用是充分吸收内外利益相关者的聪明智慧。

例如，三一重工确立了以公司董事会为核心的创新管理体制，即公司的重大技术创新战略制订或新产品领域的进入，由公司董事会直接讨论决定，而公司的所有部门和组织，都紧密围绕董事会精神开展工作。形成了"董事会—技术创新管理委员会—技术创新管理办公室"三层面的创新治理体制和管理模式。

创新需要群众的智慧。IBM在2000年中期开展的"创新大讨论"，邀请了上千位客户、顾问、员工及其家人，一起对如何创新运用公司技术进行了一场头脑大风暴，最终促成了IBM全新的"智慧地球"计划。创新往往来源于那些不起眼的角色，来源于那些亲朋好友眼中的"普通人"。丰田是目前世界上盈利能力较强的汽车制造商，它的成功之处在于其使所有员工不停追求效率和质量的能力——在这方面，很少有企业能与之匹敌。丰田始终坚信"普通"员工具有解决复杂问题的能力，这就在根本上增强了其持续改善的能力。有人将丰田生产系统称作"使人思考系统"。40多年来丰田收到了日本本土员工超过2000万条改善建议。从2005年开始，吉利汽车开展了代表着全员创新的"元动力"工程。吉利集团这种重视员工创造力开发、创新能力激发的企业管理模式，对于落实人民当家做主的企业管理思想，具有重要的意义。

强化原始创新和核心技术开发

原始创新和核心技术的不足，使得技术创新对中国经济发展的驱动作用仍显不足。中国经济总量虽然列居世界前茅，但经济增长仍然以投资驱动和贸易拉动为主，在技术创新能力稳步提升过程中，还缺乏重大突破性技术创新成果的引领发展，模仿与追赶仍然是中国技术创新的主要特征。

为此，要进一步落实企业是技术创新主体的理念，把企业进一步作为国家创新体系的重要部分，从政策、组织、体制、法律等全方位巩固与发展企业的持续创新，包括强化企业技术创新的考核，设置企业技术创新专项基金，持续建立企业技术创新战略联盟。特别在企业技术中心的基础上开展企业研究院、企业工程研究中心的设置，在条件成熟的企业设置企业科学家、总制造师等岗位，进一步保障企业技术创新人员的特殊待遇等，最大程度地发挥企业在技术创新的主力军作用。通过这些措施，进一步促进企业的原始性技术创新。

构建开放式商业和创新生态系统

在互联网和全球化的时代，成功整合全球智慧的企业才能更成功，基于商业和创新生态体系的企业发展战略，积极吸收了泛在的数据、信息和知识，更能汇聚、整合、提升为独特的商业和科技智慧，产生能使世界变得更美好的产品、服务和体验，并且迅速实现企业价值的不间断传递和扩展，实现人的创造力和物质资源的最佳利用。未来企业的竞争与发展，必须强化系统的观点。从系统的角度看，企业不再是单个产业的成员，而是横跨多个组织的利益共同体，实现共同进步。企业生态系统内各要素相互联系、作用的方式，是系统存在与发展的基础，也是系统稳定性的保障。其次，同类和不同类企业之间、上下游商业链成员之间形成了交错、多维的网络结构，将不同组织所拥有的互补资源、知识和能力整合起来，进而大大提高组织绩效，这种网络结构，也将外部交易成本内部化和最小化，从而降低产品和服务的单位成本。例如，中国电子科技集团部署探索实施了"重构技术创新体系，打造技术创新业态"的科技体制改革工程，特别突出系统的思想，积极开展成体系的技术创新，避免技术创新的碎片化。

激发员工的创业精神

大众创业、万众创新。创新活动的开展需要借助创业精神的开发。海尔探索的管理模式就是"人单合一双赢"模式。"人"是员工，"单"不是狭义的订单，而是第一竞争力的市场目标。"合一"是每个人都有自己的市场目标，"双赢"是在为用户创造价值的前提下，员工和企业的价值得以实现。每个人的市场目标不是由上级指定，而是根据自己所负责的市场的第一竞争力所定；每个人的收入也不是上级说了算，而是为用户创造的价值说了算。人单合一是适应互联网时代的要求，因为传统的管理模式是以企业为中心制订的，互联网时代应该以用户为中心而制订。人单合一的本质是：员工有权根据市场变化自主决策，员工有权根据为用户创造的价值自己决定收入。这种全新的模式改变了员工的角色，员工从原来被动接受组织的指令到每个人都是自主的经营者，并组成直面市场的自组织即自主经营体，改变了传统经济下对市场反应迟缓的弊端，每个员工自主经营而不是被经营，员工可以自运转、自驱动、自创新，在复杂多变的市场竞争中，以变制变，变中求胜。海尔的管理创新模式实现了由制造业向服务业的转型，从大规模的制造变为大规模的定制，丰富了员工民主管理的内涵，进一步探索了职工参与企业经营管理的有效途径，对发展社会主义市场经济条件下企业民主的具体实践具有重要价值，是管理创新带动技术创新的典范。

（本文原载于《中国经济报告》，2015年第8期）

中国企业崛起：经验、路径与瞻望

"创新驱动是国家命运所系。国家力量的核心支撑是科技创新能力。"创新，包括社会创新和科技创新等，毫无疑问已成为当今世界经济与社会可持续发展的不竭力量之源。2018年是中国改革开放40周年。40年来，中国成功抓住了全球化的历史性战略机遇，坚持改革开放，坚持政府创新、制度创新、管理创新和创新发展，从农村到城市，从试点到推广，从经济体制改革到全面深化改革，中国人民用双手书写了国家和民族发展的壮丽史诗。中国已成为全球第二大经济体，发展速度和改革成就令世界瞩目。

中国改革开放四十年：从经济崛起到创新强国建设

40年来，中国不仅在社会创新领域获得突出成就，科技创新也不断实现突破，天宫、蛟龙、天眼、悟空、墨子号、大飞机等重大科技成果相继问世，科技实力与主要发达国家的差距迅速缩小。中国在建设创新型国家方面取得了举世瞩目的成就，主要体现在国家综合创新能力和国际排名的快速提升。世界知识产权组织《2018年全球创新指数报告》，中国排名第17，首次跻身全球创新20强；以制造业和新兴产业为代表的全球竞争力持续攀升。瑞士洛桑发布的《2018年全球竞争力报告》显示中国核心竞争力在改革开放后持续上升，2018年达到全球第13；知识产权创造能力从追赶到超越，专利申请授权量连续十年位居世界首位，科技论文发表量攀升至全球第一；研发投入持续高速增长，研发强度达到世界一流创新型国家标准；科技成果转化起步晚但进展快，高校科技成果转化总量和速度正在赶超世界一流大学；工业化和信息化"两化融合"速度和质量不断提升，催生了一批具有全球竞争优势的领军企业。

40年来，中国依赖国家能力不断发展以中华文化为思想基础的国家治理体系，强化社会创新、制度创新和政府创新，从"面向和依靠""稳住一头，开放一片""科教兴国"到"创新强国"，坚定不移地朝着"进入创新型国家行列（2020年）—跻身创新型国家前列（2030年）—建成世界科技创新强国（2050年）"的创新发展目标稳步迈进。党的十九大提出中国特色社会主义进入了新时代意味着中国的科技创新工作也进入了新时代，新时代的科技创新工作出现了新局面。党的十八大以来的五年，是党和国家发展进程中极不平凡的五年，也是科技创新取得历史性成就、发生历史性变革的五年。在以习近平同志为核心的党中央坚强领导下，在全国科技界和社会各界的共同努力下，中国科技创新持续发力，加速赶超跨越，实现了历史性、整体性、格局性重大变化，创新成果竞相涌现，科技实力大幅增强，中国已成为具有全球影响力的科技大国。

中国和平崛起的背后是中国企业的快速崛起

企业不但是中国经济发展的主要构成主体，也是中国科技创新的核心主体。随着国家科技体制改革向系统纵深推进，科技管理格局实现了从研发管理向创新服务的历史性转变。中国企业的主体地位进一步增强，成为支撑中国创新强国建设的核心主体要素。目前，中国全社会研发投入、研究与发展人员、发明专利申请授权量方面，企业占比超过70%。企业创新活力不断增强，市场创新主体活跃度大幅度提升。

与此同时，中国企业创新实力和全球竞争力不断提升。一方面，越来越多的中国企业进入世界500强行列，与国际巨头一争高下；另一方面，中国涌现出了包括中国中车、华为、阿里巴巴、美的、海尔、小米以及科大讯飞、大疆科技、华大基因等一大批国际知名的创新领军型企业。世界知识产权组织《2018年全球创新指数报告》指出中国企业研发投入占全球比例迅速提高，高技术产品出口增量引领全球。中国的华为以4024件国际专利占据公司申请量排行榜第一名。

改革开放40年来，中国企业从模仿、追赶、超越到自主创新，越来越多的"智能企业"和"最具创新企业"走入全球视野，并被世界认可；越来越多的中国企业，借助国家创新体系和自身持续的创新能力、社会影响力，改变着产业、区域甚至国际经济的格局，为人民生活和世界进步带来更多的可能性。

中国企业崛起的典型经验和路径。

（一）高屋建瓴，构筑世界领先的核心竞争力

国家和企业的战略创新引领是保障，但企业创新能力的核心构建离不开通过高研发强度和设计创新的驱动，尤其是在战略性新兴产业和关键技术领域，依靠单纯的技术引进和模仿不可能获得核心技术和领先优势，必须依靠持续的创新投入和设计优化，实现自主创新，推动重大技术突破和颠覆性创新。

华为公司的崛起之路，是典型的研发与设计驱动自主创新、构筑世界领先竞争优势的路径。自1997年成立以来，经过30多年，华为从一家民营通信科技公司成长为全

球最大的电信网络解决方案提供商、全球规模第二的电信基站设备供应商，离不开其对研发和设计的持续投入与研发管理效率的提升。为应对公司快速扩张带来的用户需求，提升新产品质量和竞争力，任正非于1999年引入集成产品开发（IPD）系统框架，重组了研发管理体系，有效保障了华为持续高强度的研发投入和高效产出，成为华为向世界级公司转变的系列变革的开端。为了推动颠覆性和关键性技术突破，华为于2011年成立"2012实验室"，将研发投入的15%投入基础研究，并承诺将持续提升至30%。根据欧盟委员会发布的《2017全球企业研发投入排行榜》，华为2017年的研发投入达到104亿欧元，占销售收入的19.2%，研发投入增速为28.5%，研发投入和增速均超过苹果公司，排名全球第六，中国第一。华为是唯一一个进入全球企业研发投入前50名的中国企业。

（二）协同创新，实现数字化、网络化、智能化

创立于1984年的海尔集团，作为中国家电制造业的全球品牌企业，已经借助"互联网+"和开放协同创新模式，成功从传统的制造企业转型为以先进制造为核心的开放创新创业平台。海尔于2013年正式上线"海尔开放合作伙伴生态系统平台（HOPE）"，2015年和2016年分别启动和升级了"创新合伙人计划"，开创和引领创新合伙人社群模式的探索。依托HOPE平台，海尔通过"人单合一

双赢"模式和"自主经营体"模式,将战略变革、组织变革与技术创新相结合,打造以社群经济为中心、以用户价值交互为基础的后电商时代实现共建、共创、共赢战略模式的和式创新生态圈,成为物联网和智能制造时代的引领者。基于HOPE平台支持的技术与产品创新为海尔每年带来至少500亿的营收,HOPE平台每年支撑上市新产品超过60个,年创新增加值超过20亿。海尔的创新转型已经受到国内外实践和学术领域的广泛关注和探讨,并入选了哈佛商学院、沃顿商学院教学案例库。2017年在德国出版的畅销书《商业的未来传奇:超动态市场中的陶业》(*Future Legends: Business in Hyper-dynamic Markets*)中,海尔是唯一入选的诞生在传统时代并成功向数字时代转型的中国企业。

(三)和式创新,"双核"驱动打造新的坐标

中国企业的崛起不但得益于战略设计、自主创新和基于互联网的开放协同创新,也得益于"和式创新、战略引领、组织设计、资源配置和文化营造"相结合的整合路径。中国和式创新路径助力越来越多的中国企业构建了技术核心能力和管理核心能力,引领可持续发展,加速世界一流企业建设之路。

以徐工集团(简称"徐工")为例,自1989年成立集团以来,徐工连续29年保持中国工程机械行业排头兵地

位，2018年跻身世界机械行业第6位，成为连续数年跻身全球前十的中国工程机械企业，也是十九大之后习近平同志首个考察的企业。徐工审时度势，与时俱进，在自主创新与引进消化创新相结合的探索中，形成了强有力的企业和式创新体系。和式创新协调和平衡了自主创新与模仿创新二者之间的关系。这一体系包括了"一线"（国家创新驱动发展战略和制造业升级趋势下由企业使命所引领的创新）、"双核"（核心技术能力与核心管理能力）、"三支撑"（国际化、信息化与开放创新平台）。"双核"驱动的企业创新体系，助力徐工在全地面起重机、履带起重机等七大类高端工程机械领域实现了重大技术突破，研制成功了世界最大的全地面起重机和履带式起重机，制造创新能力跻身世界一流水平。徐工在关键核心领域拥有5669项专利，形成了有质量、有效益、有规模的具有可持续发展特征（三有一可）的和式创新体系和战略模式。借助和式创新战略打造的核心竞争力，徐工于2010年成功打开国际市场，2018年产品出口178个国家和地区，并成为"一带一路"沿线65个国家中的57个国家的首选重大工程施工装备品牌，2017年徐工营业收入和出口额分别增长23.4%和109%。随着集团和式创新体系效率的提升，徐工营业收入从成立时的3.86亿元，发展到过千亿的规模，一直保持较高的复合增长率，实现了"从濒临破产到世界第七"的成功崛起。

（四）创新驱动，打造中国崛起脊梁

中国中车股份有限公司（简称"中车"）的崛起是战略创新和科学谋划引领实现企业创新崛起、推动产业升级的典型代表，是中国崛起的脊梁。我国于2004年制定发布了《中长期铁路网规划》，历经2008年和2016年两次调整，通过顶层战略设计和中长期规划，极大地促进了中国高速铁路建设，带动了轨道交通制造业的发展、升级与全球竞争力。在国家战略引领和科学谋划下，中车通过自主创新、集成创新和全面创新相结合的策略，建立了先进的轨道交通装备、重要系统和核心部件三级产品技术平台，形成了拥有自主知识产权、达到国际先进水平的铁路重载及快速货运技术平台。2017年9月，中车在京沪高铁实现350公里时速运营的"复兴号"，拥有完全自主知识产权，"是中国走向制造强国、迈向全球价值链中高端的重要标志性成果"。中车的崛起向世界彰显了战略引领和科学谋划驱动的中国企业崛起之路，这一路径在如风电、新能源汽车和大飞机领域也得到成功应用，为中国持续推动战略性新兴产业和关键领域企业崛起提供了丰富的经验和可行的路径。

守正创新，行稳致远，中国企业集群式崛起

创新驱动发展是我国新时代新发展理念的核心要素，培育一大批具有全球创新领导力和竞争力的世界一流企业，是建设面向未来的科技创新强国的关键议题之一。在对外开放的新阶段，中国的和平崛起不能寄希望于极个别企业的创新崛起，应该通过建立新型国家创新体系，实现中国企业集群式崛起，应用和式创新的理念，为中国人民带来更大的幸福感、获得感和成就感，同时也为全球的和平与可持续发展贡献中国智慧和中国力量。

对此，应当坚定不移地贯彻习近平新时代中国特色社会主义创新思想，守正创新，围绕创新型国家建设的任务和两个"一百年"目标，建设以企业为核心主体的新型国家创新体系，行稳致远。重点关注以下六个方面：

一是构建强大的基础研究体系。为理论原创做更多的努力。发挥大学、科研机构和企业从事基础研究和应用基础研究的积极性。积极鼓励条件成熟的企业成立企业研究院，从事应用基础研究乃至基础研究的活动。只有在基础研究上不断投入，积极探索从微观到宏观各个尺度上的理论发现，才能为产业技术的创新提供坚实的知识保障。

二是构建强大的产业创新体系。积极发挥部委和行业龙头企业的作用，构建包括农业、制造业、服务业等方面

的产业创新体系。尽快实施适宜中国国情、引领未来发展的"高附加制造"战略，通过面向制造业全价值链的整合性的政策体系，将自主研发、设计驱动和新技术跨界应用相结合，综合推动技术创新、管理创新、机制创新、商业模式创新，打造制造业企业核心竞争力，提高制造业附加值，加快产业融合发展。

三是构建更为科学的企业创新体系。积极发挥大型企业在科技创新方面的作用。发挥国有企业，尤其要有效地发挥央企在国家战略性、基础性、公益性科技创新方面的作用，通过制度创新和社会创新，进一步调动国有企业科技人员的积极性和创造性。要充分发挥大型民营企业在竞争性领域的创新示范作用。中小企业是颠覆性创新的积极开发者，需要进一步关注。

四是积极建设高端协同的区域创新体系。积极推进各区域科技创新平台的建设，形成支撑科技强国的多个区域创新体系。进一步开发具有整合效应的区域创新体系，突出区域创新体系的战略协同。以"长三角"为例，要积极建设以上海为中心的苏、浙、皖协同的超大城市群区域创新体系。要重视乡村创新系统研究和建设，通过建设乡村创新系统，实现城市和乡村创新系统的联动发展，推动城乡融合发展、区域协调发展，形成区域内和跨区域的整合式创新发展，落实美丽中国、精准扶贫方略和可持续创新的战略目标。

五是高度重视教育创新对科技强国建设的战略意义。人才是创新之本，要大力加强社会主义、爱国主义教育的力度，大力强化创造力、工程实践能力的开发和创业精神的培育，积极培养具有家国情怀、科技能力、创新品质、人文素养的战略性人才。

六是要加强科技创新的整合式思考。努力构建科技发展与生态文明、贸易强国、军民融合的紧密结合，构建科技、金融、贸易、军事外交为一体的国家创新体系，鼓励中国企业走出去，建设以"一带一路"倡议为代表的新型全球价值链和全球创新体系，加快建设面向未来的科技创新强国，构建人类命运共同体，实现全球永续和平发展。

中国企业崛起的经验和路径对建设创新型国家意义重大

今天的世界正经历前所未有的变革与调整，东西方角色转换，分别面临不同的挑战。今日的中国正在创造民族复兴的伟大壮举。我国进入中国特色社会主义新时代和对外开放新阶段的时代，新技术革命和产业革命的快速推进，中国创新型国家建设面临前所未有的挑战，也面临着"一带一路"倡议、全球经贸调整和第四次科技革命带来的新战略机遇期。

党的十九大对科技创新做出了全面系统部署，推动高质量发展、支撑供给侧结构性改革、加快新旧动能转换，对科技创新提出新的更高要求。其关键是必须坚持以习近平新时代中国特色社会主义思想为指导，推动科技创新主动引领经济社会发展，打造经济增长、产业升级、民生改善的内生动力，为质量变革、效率变革、动力变革提供强有力的科技支撑。

2018年4月10日，习近平总书记在博鳌亚洲论坛开幕式的主旨演讲中进一步指出，"一个时代有一个时代的问题，一代人有一代人的使命。虽然我们已走过万水千山，但仍需要不断跋山涉水。"中国特色社会主义新时代和对外开放新阶段，中国面临的一个重大命题就是打通从科技强到产业强、经济强和国家强的通道，推动中国从经济和创新大国迈向科技创新强国。

中国经济和产业持续崛起，关键在于中国企业的崛起。中国的企业和企业家是中国成功建设世界科技创新强国的关键和核心主体。全面深化改革需要鉴往知来，攻坚克难离不开历史明鉴，继往开来离不开理念导航。致敬改革开放40年，总结中国典型企业创新崛起的经验，识别中国企业未来持续崛起的路径，有助于完善以企业为主体、产学研合作的开放协同高效的新型国家创新体系，推动重大核心技术突破和成果转化应用，持续提升中国企业的创新能力，培育世界一流创新领军企业，打通科技创新、产业升级、经济转型和国家强盛的通道，对建设创新型国家和面向未来的世界创新强国意义重大。

（本文原载于《瞭望中国》，2018年第9期，合作者：尹西明、李华）

打造指数型组织

新时代下，随着技术的快速变革、全球化的持续推进，中国企业面临着前所未有的机遇和挑战。

传统企业努力在成本节约、价格方面进行竞争——这是中国大多数企业发展的现状。但在下一个发展阶段，企业应该从效率型企业转型为质量型企业。在这一转型过程中，我们要花很多时间去学习日本和德国的先进经验，它们在企业发展质量和运营效率方面是全世界优秀的。

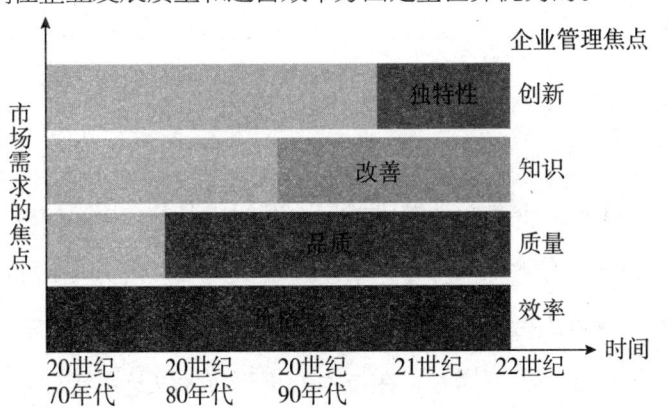

市场需求的焦点					企业管理焦点
			独特性		创新
		改善			知识
	品质				质量
					效率
20世纪70年代	20世纪80年代	20世纪90年代	21世纪	22世纪	时间

但是，目前还有一种更强大的企业，它们在做好企业运营效率和发展质量的基础上，注入了极为强大的创新能力。这些企业是非常灵活的创新型组织，多数来自美国、以色列、印度。这些先进企业在高速发展的技术的新型组织方法的帮助下，影响力（或产出）相比同行产生不成比例的大幅增长，其创新性快速而优质，增长速度甚至超出对手数十倍，竞争水平是其他企业无可比拟的。这种企业，我们称之为指数型组织。

中国企业要发展，在学习德国和日本企业先进经验的同时，更要非常积极地学习美国、以色列、印度企业在超级创新方面的成功做法。

中国企业善于发挥集体智慧，在"互联网+"方面也拥有了超越美国的能力。虽然中国不是发明互联网的国家，但其互联网应用能力世界领先，中国企业未来的机会在于"做好质量、效益的过程中实现指数型增长"。

指数型组织的特征

第一，非常关注技术发展。例如，很多应用半导体技术的企业有效地利用摩尔定律在近50年内实现了其全球IC产业业务的持续增长，具有很高的竞争力。这些企业有效抓住技术的极限增长，在技术的正无穷大以及负无穷大上取得成绩。

第二，技术有极限，要用开放创新的思想整合这种极限。实现指数型增长，前提是必须实现资源的指数增长。企业要高度重视开放创新，并加强生态体系建设——这是当今企业管理的重点。企业应从向内管理转变为构建内外部的协同创新生态体系，这是企业管理未来非常重要的研究方向。

第三，人的智慧，知识的共享。组织是有边界的，不可能无限关注这么多大组织的变化，比组织更高级的是知识。技术是物化的知识，而资源是动态知识，要把动态和静态结合在一起，进行知识的有效整合。知识决定了组织增长的能力和潜力，这是非常重要的结论。而把资源变成核心能力的关键是知识的积累。

技术无限增长，是企业发展非常重要的条件之一，在此基础上开放创新，进行大规模的合作，再加上人的智慧、知识的共享——这三个条件形成，可以助力企业迅速成为指数型企业。

指数型组织的典范

（一）苹果公司

苹果公司的技术精益求精，现在是iPhone，下一步是

iCar，十年后苹果可能在做的就是iHouse——智慧家居、智慧城市。苹果公司是一个对技术非常有追求的公司，也是非常会整合资源的公司。苹果公司最大的优势是整合了很多合作资源，包括设计资源等，并且重视和文化企业的交流，与好莱坞、迪士尼的关系紧密，从而给自身发展创造了无限的空间。

苹果公司与其APP开发者合作也非常好，每年有20万个以上的APP上线，即每年整合20万个APP开发者。

苹果公司在战略合作和产品方面做了很多积累。它的技术整合、资源整合、知识整合的能力非常强，是超级创新型企业，创新能力位于全球企业第一，值得中国企业学习。

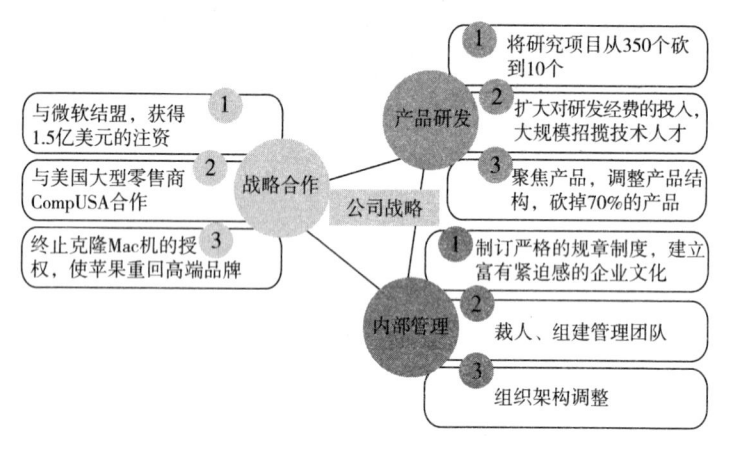

指数型组织的典范——苹果公司

（二）Google和亚马逊

Google以前是做搜索的，下一步是研发智能硬件，再下一步是研发智能的器官。Google希望在2020年把人类的平均寿命延长至120岁。Google不断地进行创新，延伸用户黏性，它的产品价格比较低，但创新度非常高，其搜索引擎免费，广告价格较低，用户界面体验良好，既做到了创新、差异化，又做到了低成本。这样的组织就是指数型增长组织。

类似的企业还有亚马逊，其创新性好，价格非常低廉。例如，0.99美元可以试读4万本书，这就相当于免费，下一个阶段叫作free time，免费时代到来了。亚马逊非常有效地应用了共享经济思维，这是非常具有竞争力的。

（三）英特尔

英特尔本身就是指数型增长的原始企业，它最早将摩尔定律用到了极限。现在英特尔已经找到了下一个机会：人工智能。英特尔是最早关注人工智能的企业之一，非常有眼界。人工智能在未来具有指数增长的潜力，到2030年人类智慧将会是机器智慧，新药或许将会由机器来开发。

另外，英特尔下一个产业计划是做智慧城市。其思路是让大众参与创新，让大众去构思应如何进行城市化建设和规划。因此，英特尔的创新是技术创新加上资源整合创新以及社会创新，加强企业创新的公众参与度，用大众的智慧来帮助建设企业的整个运营平台运作和产品性能改进。

（四）优步公司

优步公司表面上是一个租车企业，其实质是一个整合社会闲置资源和闲置人才的领先企业。Uber的商标已经做了修改，它不再是一个简单的租车公司，而是提供全方位的服务、运用创新的思想、较低的价格和友好的商业模式去整合大众智慧、大众人才，整合社会闲置资源，形成一个新的管理方式的公司，即优步化。

优步化过程中，产权的概念在慢慢降低，使用权变得越来越重要。每个人都可以使用公共资源，其对社会的贡献非常高，目前，Uber已有超700亿美元的市值，这是中国企业努力的方向——不去创小微企业，去创大龙头企业，要做非常有竞争力、增长性极快的企业。

如何成为指数型企业

（一）树立指数型思维

树立指数型思维，不要线性思考，从而实现超常规的发展。从线性思维转型为指数型思维，这是非常重要的过程。如何实现转型呢？历史外推转向未来驱动，历史外推一定是线性的，而趋势引导是较为"指数"的。我们要从未来看现在，这是一个新的思维方式。如果把现在放在历史发展中的一个环节，以历史的眼光看现在，企业只能达到线性发展的水平，而从未来看现在，发展空间巨大。要改变思维模式，从未来的研究可能看到新的发展方向，这就涉及一个很重要的概念，叫作"基于未来的战略驱动"。

（二）预测大趋势

要了解前沿趋势，而且是大趋势。未来最重要的大趋势是什么？以下为西门子的预测。

第一，人口结构变化，进入老龄化社会。2025年全球人口会达到90亿，甚至100亿。经济增长，人口是很重要的变量，是很重要的一个经济驱动因素。到2050年，65岁以上的人口将是目前的3倍，我们要为老年人构造更和谐、更友善的生活、工作平台，这就是下一个新的经济增长的需求，是非常重要的。

第二，城市化。党中央提出城镇化，到2050年左右，全球城市人口将占全球总人口的70%，这是一个很大的数字，中国的城市人口会占到中国总人口的80%。城市化会带来很大的驱动力，从而产生很大的需求。城市建设需求量非常大，进而会带动部分企业指数增长。

第三，气候变化。全球变暖对人类产生威胁，现在的温度跟100年前相比已经升高了0.85度，有研究表明极限是2度。届时，全球的海洋面积会占地球总面积的80%左右，这会对人类产生很大影响。未来发展要提高安全性，改善环境，树立生态文明意识，加强节能减排。

第四，全球化和数字化。这两者都将成为全球新的增长要点，我觉得分析大趋势才能让企业指数增长。

西门子对大趋势分析之后产生的新的产业设计思路，他们持续关注制造领域，也更加关注老人的护理问题，特别关注全球的安全问题以及移动社会的发展进化。

（三）构思大创意

企业要做得好，必须要有大的构想，而不要完全在别人的产业基础上进行简单的模仿跟踪。在下一个时代里，中国的企业要有竞争力，必须拥有超越欧美的原创的思想。要构思大创意。

你提出的一个设想最好能一次用完10亿美元，如果你提出了设想之后，只能用掉几百万元人民币，那就是小设想。壳牌石油在公司范围内做一个实验，要去构思大创意。能不能提出一个设想去改变现在的游戏规则？现在的产业都有很多的机会改造，需要新的能源、新的房产、新的食品……改变就是需要打破游戏规则。

IBM原来是做打孔机的，后来变成做计算机。生产计算机之后，也没有什么竞争优势，IBM便不做硬件，做服务，所以IBM是全球最早提出电子商务概念的企业。电子商务做完之后，把电子商务和电子政务结合在一起，就是智慧城市。IBM从一个生产打孔机的公司变成一个提出"智慧地球"概念并践行的公司。业务量有多大？做打孔机一年有一千万就了不起了。可是要做智慧城市，想象一下，把北京"智慧"一下至少要几万亿人民币，把海淀区"智慧"一下可能要几千亿人民币，这个空间非常大。这就是我们所说的要做大创意，给自己的产业创造无限的空间。

（四）寻找大市场

有一本书叫《世界是平的》，但还有一本书叫《世界是湿的》，不是指地面湿，而是要保持与用户的不断联络，要不断地寻找新用户。美的在做一个尝试，在做新的市场，很快会进入新兴市场。现在去巴厘岛已经能看到美的的产业布局，将来在其他新兴市场都有布局。企业的市场竞争能力要非常强，市场的用户才能足够大，才能分摊成本，这也是提高指数增长非常重要的内容。

（五）应用新技术

英特尔在芯片技术方面是世界领先的，现在又是人工智能方面的领先企业之一，在社会创新方面也领先。摩尔定律加上各类创新，融合得比较好。英特尔下一步很快会上升到新的发展阶段。美国老牌的创新企业，通过人工智能，通过社会创新的机制焕发出新的增长活力，这一点非常值得我们借鉴。

（六）联合大众智慧

资源和技术做不过人，人才是最重要的，要整合全球的人力资源。

宝洁通过开放创新平台，内部研发人员保持比较稳定的人数，有9300人左右。但是宝洁通过一个叫C+D的联络与发展平台，已经联络到全球200万人帮助宝洁创新，所以宝洁员工人数是214万左右。宝洁利用社会资源做创新，整合大众智慧，从而保持其持续增长，增长能力一直保持在8%~10%。

指数发展是绩优企业的重要特征，是对中国企业提出的新的发展方向和努力方向。中国企业可借鉴这些企业的探索和做法，用新的手段和管理体系，特别是通过战略设计，将企业从传统的慢增长或者竞争力有下降趋势的现状中转变过来，变成高速增长的企业。

（本文整理自笔者在2017年"奇点大学·指数型增长高峰论坛"上的主旨演讲）

打造创新力的黄金律

中国经济的未来不能再依靠向全世界出口廉价产品，也不能依靠结构性的刺激因素，而必须依靠科学和创新思想所构建的新一代产品和服务体系。在全球化和信息化的大好时机下，如果能同步提升企业的创新能力，中国经济发展将持续屹立于全球前列。

创新型企业能够提供改变世界、让世界更美好的产品和服务体系，比一般企业具有更大的市场价值和国际竞争力，多数情况下其存活期也要远远大于那些保守僵化的组织。中国企业在逐步获得市场意识和制造能力之后，重要的努力方向之一，就是不断提升其创新力。

提升企业创新力需要明确的方向和持续的坚持，企业要做好以下五大黄金定律。

黄金定律一：将创新植入战略

IBM首席执行官塞缪尔·帕米萨诺（Samuel Palmisano）说，如果你想在这个环境中兴旺发达，就必须在技术、战略以及商业模式上不断创新。

提升企业创新力的第一步正是将创新植入企业的战略框架，加强战略管理与创新管理的融合。

当前，中国企业创新面临诸多挑战，但更多的是新的战略机遇：移动互联商业、城镇化建设、资源能源的开发、基础设施建设、人口健康、信息或知识经济、经济全球化等。成功的企业家应进一步发挥独特的想象力与冒险精神，充分利用这些新机遇，积极开展企业战略研究，不断开发长远的、超越顾客需求的产品和服务。提高企业创新能力的根本点是企业家的超前思考和企业的战略决策能力。

中集集团不断进行创新，通过完善网络布局，以及业务模式创新，不断提升集团在集装箱制造产业的竞争力，然后逐步发展全球机场的登机桥供应，再提升全球化营运水平，进而成为全球领先的专用车供应商和装备制造商，乃至全球海洋油气勘采装备提供商。中集集团通过不断创新，适时启动适合中集的、有生命的、有能力整合的新业务，真正将创新植入了企业战略框架。

腾讯从QQ聊天软件开始，持续不断地把邮箱、游戏、微信等新业务纳入战略框架，成就了今日的腾讯"帝国"。

黄金定律二：重新设计组织体系

成功的创新不再是牛顿式的线性模式，而进一步演化为量子般的网络整体性。为保障创新顺利开展，企业需要设计有利于创新的组织体系。

在内部，企业需要将多元化思想最大化，关注组织内部的联系与交流，并开放组织的边界，在全球范围整合资源并迅速创新，构建组织的网络化能力。

因为创新的实质就是"创造性的碰撞"。突破性创新都是由不太相关联的想法和领域相互作用而产生的，使公司内部形成一个相互联系、交流和相互作用的氛围（场），对公司创新力的形成是至关重要的。

独断的乔布斯对苹果公司内部合作交流文化的打造不遗余力。很多公司都力求减少会议，苹果相反，每周都有高管会、营销战略会和很多产品评论会，而且乔布斯不喜欢正式讲话和PPT，坚持让所有参会者一起讨论问题，利用各方优势，听取不同部门的观点。

在企业外部资源方面，企业需要进行开放式创新，动态地确认自己的领先供应商及领先顾客，并与之建立战略性的、真诚的信任与合作关系，包括建立与各类科研教学机构、政府以及非营利性组织的广泛而密切的关系。

黄金定律三：注入充足资源

企业需要提升研发定位，构建创新基础平台，增强企业研发与创新机构建设，提升研发人员层次，增大研发人员规模，有条件的企业应设置"科学家"这一岗位。只有将企业研发的定位不断提升，才能吸引全球的高端研发人才到中国企业发展，才能催生内生的创新成果。同时，进一步加强企业战略与咨询部门的建设，加强科技研发与战略研究、市场研究的协同，增强企业技术创新与战略创新、商业模式及服务创新结合的力度，以新的模式、新的机制开展企业研发与创新机构的运营。

企业还需扩大对创新的投入。高水平研发人才的引进与培养是产生自主创新的关键，同时企业应进一步强调员工创造力的开发。研发投入是创新产生的必要条件，充分的研发投入不仅能产生高水平的新产品、新工艺、新服务，而且也是吸引和稳定高水平研发员工的关键，是激励全体员工产生创意的保障。

截至2012年底，华为公司共拥有来自156个国家和地区的超过15万名员工，其中研发人员占总员工人数的

45.36%，外籍员工人数接近3万。在海外设立了22个地区部，100多个分支机构，从而能贴近客户，快速响应。组建了2012实验室，承载集团创新、研究和平台技术（芯片等）开发的使命，专注于创新基础、前瞻性的研究。华为长期保持研发投入不少于销售收入的10%，并坚持将研发投入的10%用于预研，对新技术、新领域进行持续不断的研究和跟踪。这是对创新资源高度投入的典范。

黄金定律四：重塑制度与文化

企业创新又绝非资金、设备和人才的堆积。成功的创新企业同时具有有利于创新的文化氛围，特别是要有努力倡导鼓励冒险的价值观。要让创新发生，必须鼓励员工去打破现状，并去尝试更好的解决方法，这种现状可能是产品、服务、管理方式等。一个富于创新的企业，它的产品、服务、管理模式、内部结构等一定不是长期静态的，这些因素需要不停地被打破和重构，以适应新的客户需求和内外部环境。

因此，首先，企业家应努力培育员工的创新勇气，持续鼓励员工的积极思维能力，不断铲除员工的恐惧感，以不断产生重大的具有深远影响的创意。

其次要容忍失败。创新是一种高风险行为，失败的可能性非常大。创新的执行者失败后，也将面临巨大的压力，也正是这种压力，会使很多员工不愿意开始一项创新行为，从而无形中扼杀了很多创新的可能性。所以，一个有创新精神的企业，必须容忍创新的失败，甚至奖励失败，只要企业认为这项创新的失败是合理的。如果企业能够做到这一点，就会消除创新发起者和执行者的后顾之忧。甚至，企业应帮助员工建立"永不失败的成功系统"。

营造活泼、舒适和富于想象力的工作环境和氛围，可以提升组织成员的工作效率和创造力，甚至于激发灵感，带来顿悟。好的工作情绪也有助于激发创造性思维，推进创新实现。相关的研究表明，"快乐使人成功"，公司内部积极的人际关系会大大促进企业的绩效，也会提升企业的创新能力。公司应该鼓励员工高效率的休息和高效率的工作。谷歌、苹果、ZARA等公司已经建立了使员工快乐的工作环境，被称为"性感的公司"，其管理模式已经从现代走向后现代。

黄金定律五：增强创新管理能力

创新需要管理。创新存在高风险。哈佛商学院的克莱顿·克里斯坦森 (Clayton Christensen) 写道："不论那些天赋超群的人如何努力，许多制造新产品的尝试，最终都失败了。"因此，创新管理的关键就是大胆提出伟大的创意，同时又精心控制创新的测试过程，使创新失败的概率最小化。

印度的威普罗（Wipro）公司坚持把创新变成可预测的、可持续的商业行为。威普罗公司在全力为创新创造条件的同时，也大力督导创新向正确的方向发展。及时地拜访客户、对客户需求进行调研，可以使企业不断获得来自客户的最新信息，并激发企业针对这些实际需求进行创新，从而做到创意新颖、有的放矢。威普罗公司又有明确的制度、规范和定义，对于创新的每一个阶段都有良好的控制。对于任何一个项目，威普罗公司对"目标""过程"以及每一阶段的验收标准，都有良好的控制与监督。

（本文初刊于《清华管理评论》2014 年 3 月）

企业技术创新体系的演化与发展

"如何建立企业的技术创新体系"看上去是个比较"技术性"的话题，实际上是非常重要的管理问题，技术创新的过程需要先进的创新管理系统支撑来完成。

从世界级企业评价指标来看，中国企业在"销售收入、公司价值、市场占有率"等指标上表现较好，不足的是，在"核心技术和知识产权、智力资本、品牌价值"等指标上与国际优秀企业差距较大。其中，"智力资本"指的并非传统意义上的人力资本，而是有创造力的人力资本。

目前，我国取得较高营收的企业大都使用传统的西方技术来完成产品生产，虽然营收的金额很大，但因技术多来源于欧美，技术供给自主性比较低，从而给经济安全带来极大挑战。中国企业如何在经营过程中创造出改变世界的产品，构建自我独特的服务体系？如何在保证效率、质量的前提下提升创新能力？这是企业管理面临的严峻挑战。

企业既要保证质量，还应提高自身灵活性、创新性。其中，创新允许不断地犯错，质量要求不允许犯错、要一次成功，由此在企业内部形成矛盾与冲突，许多企业对此感到无能为力。换句话说，质量便于管理，创新却很难被管理。麦肯锡（Mckinsey）的一项调查数据显示，全球84%的高管认为创新非常重要，但94%的企业高管对创新的绩效性并不是很满意。

为什么国家推行的创新驱动战略难以在企业推动？为什么大多数企业的创新绩效差强人意？是因为我们对创新存在很大的误解。大部分人认为创新就是搞科研，这是不完整的认识。创新必须重视科研，但是创新不能只有科研或者只有技术。同时，一个企业如果缺乏战略研究，缺乏创新的长远目标，研发与创新就很难展开，因为创新是一项长远性、持续性的企业活动，急功近利是导致企业创新绩效不佳的主要原因。

什么是创新？首先，从企业管理的角度看，创新是一种时间跨度非常长的活动，是一个把伟大创意变成能创造商业价值的产品体系的过程。它不仅仅是科研的过程，更是新思想落地的过程，要历经研发、制造、营销、推广等诸多环节。更重要的是，创新还要求公司具有能将远见、知识和冒险精神转化为真正的财富的能力。

其次，创新是一个非常复杂的过程。创新在一开始就要不断地开发其边界，不断地提出奇思妙想，打破传统想法，不断地探索，早期是大量试错的过程，中期是严格的质量管控，后期是创新放大和价值延伸的过程。创新的管理难度比一般企业管理难度要大得多。

最后，创新的类型多种多样，产品、流程工艺、服务、商业模式等都要考虑到，从低端市场到高端市场都要完成。

企业技术创新体系怎么做？有四个重点：一是加强研发与制造、营销的横向整合管理，开展对创新的项目管理。二是打通公司内部各部门的战略意识，这是实现企业内部组织优化的过程。创新必须跟公司战略部门结合，如果不结合，创新有可能发生方向性错误。创新必须是面向未来的。我国大部分企业的创新并没有与公司战略相结合，这是导致中国创新滞后的很重要的原因。三是加强创新体系的建设。创新并不是由少数精英完成的，很多人都可以参与创新过程，员工是创新的主体。四是加强与外部资源的整合。前三点强调内部完善、上下整合，最后一点立足于共享经济时代，强调创新要关注外部资源。

1. 横向整合，加强研发、制造与营销的整合。下图是技术创新体系1.0模型——横向打通研发管理、制造管理、营销管理。华为公司是少数建立起自己研发体系的企业之一，始终坚持高强度的研发，较早建立了项目管理体系，打破了部门的分隔，实现创新的跨部门管理。

研发管理 → 制造管理 → 营销管理

技术创新体系1.0

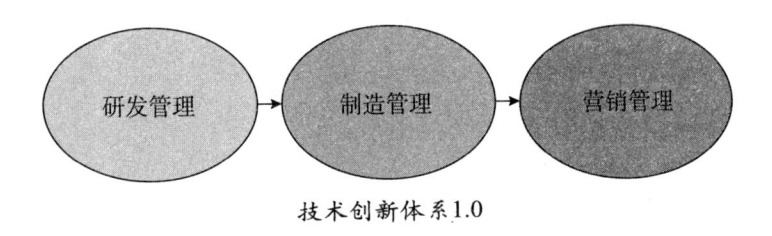

企业对研发机构如何进行配制与管理？首先是建立独立的研发机构，此时为弱矩阵管理，其优点是更加专业化，缺点是跟生产制造脱节。其次是将研发与制造、营销进行整合，此阶段建立事业部制就十分必要，此时为强矩阵管理，其优点是有利于创造价值，缺点是资源冗余与浪费。组合矩阵管理可以将专业成长和利润效率相结合，但是做起来非常困难，因为两者的把控很难。成功的企业会在强矩阵和弱矩阵之间实现动态的均衡。对非常重要的研发与创新工作进行强矩阵设计，如果不执行矩阵管理，可以在保留现状的基础上加强研发和生产、制造、营销的界面管理。总之，研发要以客户导向为主，以产品去整合创新活动。华为的横向整合真正实现了顾客价值导向的企业创新发展，取得了很好的效果。

2. 与战略的整合，加强技术创新的战略管理。下图是技术创新体系2.0模式——横向打通研发管理、制造管理、营销管理，上下打通战略管理。中国企业创新的缺点不仅仅在于技术落后，而且在于战略不明晰，企业创新工作应从研发管理提升到战略性研发的高度。创新、战略必须有效融合，技术创新与战略结合是终极战略。中化集团把创新部门和战略部门结合在一起，成立战略创新部。一个公司的战略没有科技支撑，战略没有后劲；一个公司的科研没有战略高度，产品没有地位。

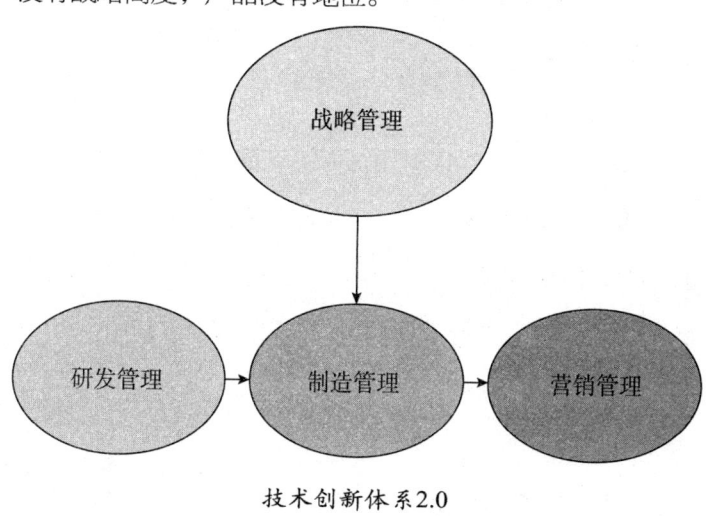

技术创新体系2.0

企业要发展，不能只守住核心业务，还要有增长业务、未来业务。谷歌70%的力量配给传统业务，20%的业务配给中期业务，10%的力量配给长期业务，长期业务就是创新程度极高的任务，甚至是不可能完成的任务，但对未来公司的原始创新、颠覆性创新等极为关键。我国大部分企业停留在短期业务开发阶段，提升了创新的深度，但严重限制了创新的新度和高度。

三一重工是中国企业中长期研发做得较好的。按照"专业化布局、一体多地分布"的思路，三一重工在全球建立了以研究院、所两级机构为主体的研发体系架构，各事业部设立了30多个专业研究院，主要从事各类产品的开发研究。各研究院又按照不同专业分工下设221个研究所。总部设立研究总院，对研发项目、专利、技术标准、PDM、试验检测、工业设计等公共业务进行统一管理，从而形成了事业部垂直管理和研究总院横向管理相结合的双轨矩阵式研发管理模式，实现了创新资源的有效配置，保证了研发创新的高效率。

　　美的建立了四级研发体系，关注5年以上的技术研究和风险创新，探索未来的各种可能，这对中国制造业企业来说相当不容易。

　　如果企业的基础研究投入太少，那么后期技术开发的试错成本就会非常高。美的的研发投入5年来近200亿元，在全国企业中排第7位，行业排第1位。美的人才引进力度非常大，2017年有博士500人，外籍资深专家500人，配备了相对高端的人才。5年申请专利3.2万件，在家电领域全球排名第1位，非常了不起。

　　3. 夯实技术创新的群众基础。下图是技术创新体系3.0模式——基于员工的创意创新创业体系。

```
        战略管理
           │
           ▼
研发管理 → 制造管理 → 营销管理
─────────────────────────────
      基于员工的创意创新创业体系
```

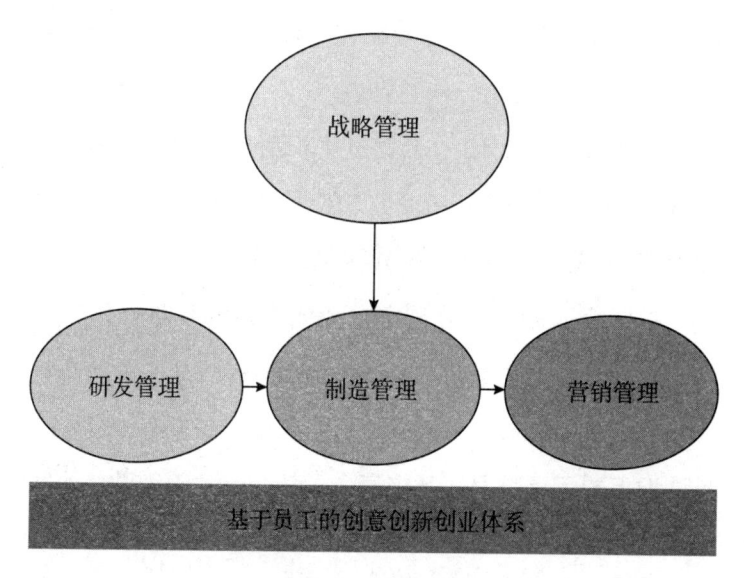

技术创新体系 3.0

创新走向群众是很重要的，企业必须建立非常完善的创意体系，让每个员工都能去创新。这个体系在中国还没有完整地建立起来。

未来，机器人、人工智能的大量使用，重复性工作岗位的员工将被机器替代，因此员工最重要的不是执行力，而是创造力。把员工变成创新者，赋能是很重要的过程。

创意管理体系包括收集创意、评估创意、奖励创意、实施创意的创新体系。欧洲和美国的优秀公司通过机会挖掘、用户洞察、员工创意大赛和创意开发流程帮助企业获得很多创意。创意有没有价值，需要创新委员会进行创意评估，再经过有效创意开发和有效落地，从而为企业带来新的产品、新的业务、新的战略。

壳牌石油希望员工在公司里并不是简单地重复工作，其Game Changer模块不断激发员工创意，凭借"改变游戏规则的创意"，壳牌石油荣登2013年世界首强。

中国企业的大部分创意在于成本节约和管理优化方面，并没有提出关于产品和战略构想的新想法。为什么？因为我们不相信员工有创意，我们只相信高管有创意，这是认识上的严重错误，其实每个人都有很大的创意，包括普通员工，树立"每个员工都是创意工厂"的思想，加强企业创意管理，极为重要。

4. 加强与外部创新资源的协同。下图是技术创新体系4.0——基于核心能力的企业创新生态体系。

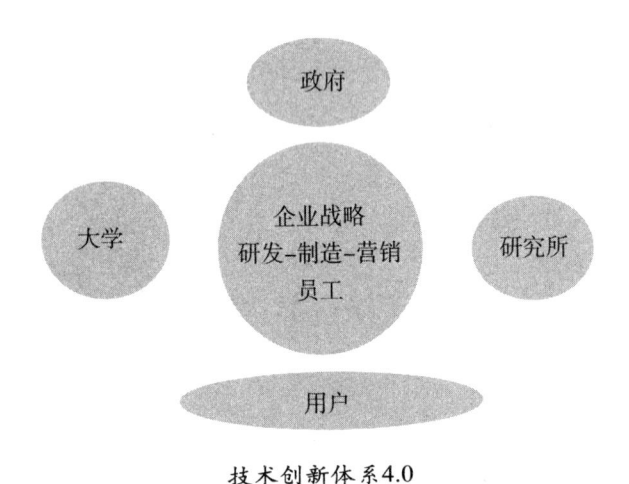

技术创新体系4.0

任何一个企业都无法在所涉及的各个技术领域跟上技术变革的步伐，任何技术力量雄厚的企业都不可能拥有创新所需的全部资源和技术，创新对外部资源的依赖性越来越强，企业独立地进行创新将更为困难。

很多企业的创新工作强调外部整合，从内部研发为主过渡到外部资源整合为主。为什么？创新成本太高。10年前一种新药的研发成本10亿美元，现在已经需要26亿美元；新药商业化的成功率在10年前是1/3000，现在是1/10000。谁愿意做这样的事情？罗氏制药公司的策略就非常好：做好自己1%的研发，用好别人99%的研发成果。成功的创新取决于与外部各种组织之间的有效合作，共同取得核心技术上的突破。

互联网时代，市场需要更多个性化的产品。以前认为用户只是消费产品，后来发现用户也会创造产品。创新模式开放很重要，打破企业边界，打破用户边界。用户创新进一步揭示了共享经济新时代创新范式，共创不再是几千人，而是几千万人，维基百科由580万网民共同编制出来，充分体现了互联网时代共同开发、群体创新的卓越价值。

用户创新是创新模式的革命性进展。以前产品创新需要大量试错，成功概率非常低。让外部用户参与创新，成功后企业进行"放大"，不需要冒风险，效率更高。

实际上，国际上许多著名企业采取开放式创新模式成功地实现了创新,取得了持续的竞争优势。共享经济时代,企业并不是只管内部员工,而是需要管好外部专家,管好外部的自由"创客"。海尔有效地实现了开放创新平台HOPE,在HOPE平台网站上整合全球资源,很多难题在网上公开征询,寻求全世界的力量帮助其创新。美的MOIS(Midea Open Innovation System)利用大众的智慧促进创意的转换,大众参与创意评价、小批产品试用和成果分享。这两家企业都成功地建立了开放创新的生态体系,取得了很好的效果。

那么,企业开放创新就行了吗?我们也要深知开放创新的负面性,如果企业没有自己的核心技术、核心能力,都是跟别人合作,企业有什么竞争力呢?所以,必须形成基于核心能力的企业创新生态体系。企业创新必须和核心能力建设相联系,企业创新必须具备系统思维,将战略管理、创新管理、系统管理进一步融合。

在未来,创新管理将成为企业管理非常重要的核心部分,创新管理和质量管理是企业发展的两大核心管理职能。我们要积极打造更多的既有优质产品或服务又具有创新活力的企业,致胜于伟大的高质量发展的新时代!

高铁核心技术能力突破之谜

中国高铁及其典型龙头企业为何能够在短时间内实现核心技术能力的自主创新，成为后发产业追赶跃升到引领全球的创新典型？这非常值得关注，其经验可以为中国高端装备制造业企业的核心技术能力打造、国际竞争环境下的追赶到跃升以及持续竞争优势的形成与完善，提供重要参考和借鉴。

中国高铁：从追赶到引领

人类文明的进步历史，就是一部创新的历史。中华人民共和国成立以来，以"两弹一星"、航空航天等为代表的创新工程为我国科技创新的发展与国家民族的富强奠定了重要基础。伴随国际竞争的日益加剧，中国科技工程与产业创新的竞争优势面临挑战，芯片核心技术自主创新能力的不足、传统产业大而不强等事实引发政府、产业部门与学术研究机构的重视。根据清华大学吴贵生教授等研究发现，核心技术与核心技术能力的"空心化"严重阻碍着国家主要制造业的转型升级。然而，作为制造业转型升级的示范性产业，中国高铁通过引进消化吸收与自主创新等模式的结合，实现了对发达国家高铁产业的追赶与超越，并成为中国高端装备"走出去"的靓丽名片。根据国家统计局相关统计数据，截至2015年底，中国高铁运营里程达到1.9万千米，占世界高速铁路总里程的60%以上，占全国铁路总里程的16%。运营里程之外，中国高铁在总运量、技术等级、建设速度、运营时速、动车谱系等方面，均处于世界领先，如下表所示。成就这种国际竞争优势的基础，在于中国高铁实现了核心技术与核心技术能力的突破，通过自主创新真正打造了全球范围的竞争优势。作为后发产业追赶跃升到引领全球的创新典型，中国高铁及其典型龙头企业为何能够在如此短的时间内实现核心技术能力的自主创新值得思考与关注。

中国高铁的十大世界之最[1]

运营里程最长	截止到2015年底,高铁运营里程达到1.9万千米,居世界第一,占世界高铁总里程的60%以上
建设速度最快	2004年,中国高铁踏上引进消化吸收再创新之路,短短10年间,"四纵四横"的高速铁路网骨架已经基本成形
运营时速最高	486.1千米每小时
轮轨试验时速最高	605千米每小时
世界等级最高的高铁	2011年6月,京沪高铁建成投产,这是世界上一次性建成的标准最高的高速铁路
世界首条新建高寒高铁	2012年12月1日,中国首条也是世界第一条新建高寒地区高速铁路"哈尔滨-大连"高铁投入运营
世界单条运营里程最长高铁	2012年12月26日,全长2298千米、全球运营里程最长的高速铁路——京广高铁全线开通
世界上一次性建成通车里程最长的高铁	2014年12月26日,兰新高铁全线贯通,全长1776千米的兰新铁路是世界上一次性建成通车里程最长的高铁
动车组谱系最全	我国拥有世界上200千米~500千米各种速度级别的动车组:初期引进CRH1、CRH2、CRH3、CRH5,时速200千米~300千米不等;引进后提升到350千米;后自主研发的有

---

1 数据来源:http://www.xinhuanet.com/2015-01/25/c_1114122302.htm

续表

动车组谱系最全	CRH380系列，时速可达380千米；之后还有CRH380AM时速500千米试验车和为城际铁路研发的CRH6系列动车组
最惊人的高铁运量	2014年，有8亿多人次选择高铁出行，其中最繁忙的是京沪高铁，一条线就有过亿人次乘坐

与产业共进：中车"核"战略的演进

中国高铁的起步基础是薄弱的，正如中国中车的相关负责人（其同时为中国中车集团前身南车集团的负责人）所提到的：中国铁路到改革开放的时候，甚至到改革开放以后的90年代，与发达地区，如欧洲、北美的铁路相比，起码落后30年都不止，夸张地说50年也是有的。然而，中国高铁在政府的产业政策驱动下，通过自主研发、引进消化吸收、自主创新等模式，实现了产业从落后到引领的快速追赶与超越。这一过程中，作为高铁产业的龙头企业，中国中车聚焦"归核-强核-造核-扩核"的战略（中车集团的前身为南车集团和北车集团，在中车成立之前，中国高铁产业主要以这两家企业为主导企业，"归核-强核-造核-扩核"的战略演进，是中国南车集团战略到中国中车集团战略的延续），与产业共进，最终成为世界高铁产业的龙头企业，其产业共进的演化道路如图1所示，下表对其进行了详细的论述（2015年之前主要以南车集团为总结）。

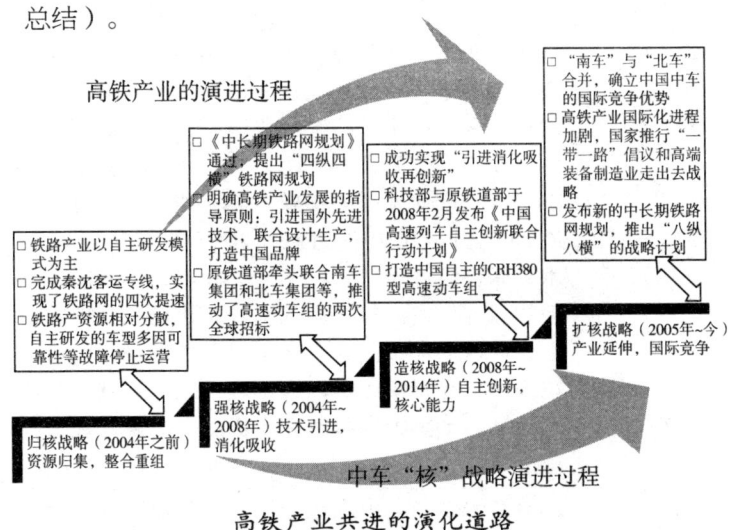

高铁产业的演进过程

- 铁路产业以自主研发模式为主
- 完成秦沈客运专线，实现了铁路网的四次提速
- 铁路产资源相对分散，自主研发的车型多因可靠性等故障停止运营

归核战略（2004年之前） 资源归集，整合重组

- 《中长期铁路网规划》通过，提出"四纵四横"铁路网规划
- 明确高铁产业发展的指导原则：引进国外先进技术，联合设计生产，打造中国品牌
- 原铁道部牵头联合南车集团和北车集团等，推动了高速动车组的两次全球招标

强核战略（2004年~2008年） 技术引进，消化吸收

- 成功实现"引进消化吸收再创新"
- 科技部与原铁道部于2008年2月发布《中国高速列车自主创新联合行动计划》
- 打造中国自主的CRH380型高速动车组

造核战略（2008年~2014年） 自主创新，核心能力

- "南车"与"北车"合并，确立中国中车的国际竞争优势
- 高铁产业国际化进程加剧，国家推行"一带一路"倡议和高端装备制造业走出去战略
- 发布新的中长期铁路网规划，推出"八纵八横"的战略计划

扩核战略（2005年~今） 产业延伸，国际竞争

中车"核"战略演进过程

高铁产业共进的演化道路

中国高铁产业与中国中车的共演过程

发展阶段	产业环境	中车战略
2004年之前	中国铁路产业以自主研发模式为主，形成了"蓝箭号""春城号""大白鲨号""中华之星号"等系列动车产品，建设完成了秦沈客运专线，并实现了铁路网的四次大提速。然而，铁路产业的资源相对分散，自主研发的车型多因可靠性等故障停止运营	归核战略：整合重组，把所有的业务资源，就是企业的优势资源和能力整合到有竞争优势的方面。在轨道交通装备方面聚合、归集和整合

续表

发展阶段	产业环境	中车战略
2004年~2008年	2004年1月，国务院常务会议通过了《中长期铁路网规划》，提出"四纵四横"铁路网规划，同时明确了高铁产业发展的指导原则：引进国外先进技术，联合设计生产，打造中国品牌。在这个基础上，原铁道部牵头联合南车集团和北车集团等，推动了高速动车组的两次全球招标	强核战略：在国家引进国外技术的背景下，推行做强计划。做强意味着要追赶、要缩短和国外先进企业的距离，然后借力资本市场和其他力量，提升企业的管理水平。这就是升级——产业升级、管理升级
2008年~2014年	在成功实现"引进消化吸收再创新"的基础之上，围绕350千米每小时的高速列车设计目标，科技部与原铁道部于2008年2月发布《中国高速列车自主创新联合行动计划》，打造中国自主的CRH380型高速动车组	造核战略：依靠自主创新能够实现技术领先，推进自主创新相关的工作，包括实施一些先进的管理办法，培育一些品牌。造核的本质即培育企业的核心竞争力
2015年~今	"南车"与"北车"合并，确立中国中车的国际竞争优势。同时，高铁产业国际化进程加剧，国家推行"一带一路"倡议和高端装备制造业走出去战略，并发布新的中长期铁路网规划，推出"八纵八横"的战略计划	扩核战略：扩核就是利用优势将企业业务向相关的产业再延伸，把种子种下去以后，通过几年的时间，让它发芽，实现企业的持续增长与竞争优势提升

"归核－强核－造核－扩核"：中车"核"战略的过程实践

根据中车官网介绍，该公司于2014年12月30日由南车集团与北车集团合并成立，并成为全球规模领先、品种齐全、技术一流的轨道交通装备供应商。作为中国高铁的领军企业，中国中车始终聚焦于自主创新引导下的组织核心技术能力打造，并通过"归核-强核-造核-扩核"，实现了从追赶到领先的演化之路，如图2所示。

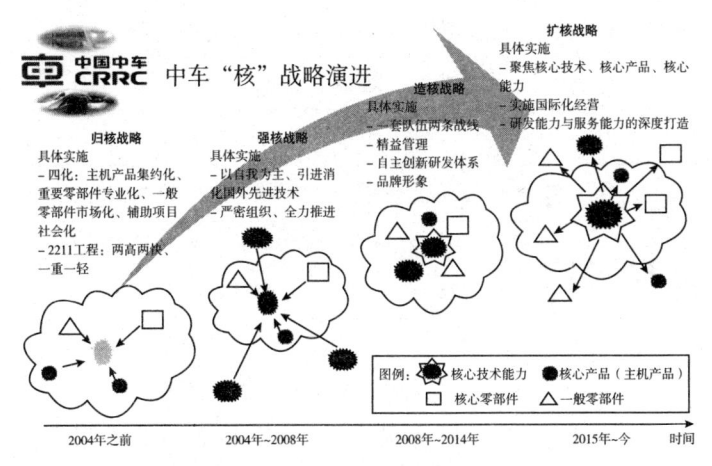

归核-强核-造核-扩核战略演变

归核战略实施于中国中车前身南车集团的成立初期，当时"南车"的水平和情况是：主业不大、主业不强，副业也不强，而且企业资源分散，南车各下属子公司存在较多重复建设的情况。这种情况下，南车高层聚焦专业化与资源整合，确立了集团专业化生产、规模化经营的目标。"南车"由此提出"四化"战略，包括：主机产品集约化、重要零部件专业化、一般零部件市场化和辅助项目社会化，其具体措施如下表所示。此外，为了适应这一归核过程，南车集团推进了"2211工程"，包含"两高两快、一重一轻"。"两高"聚焦高速列车、高原列车的技术工程；"两快"包括客运快速和货运快捷；"一重一轻"则涉及货运重载、轻轨地铁。南车通过业务结构的调整，聚焦资源集聚，从而实现集团核心技术能力的打造。

归核期的"四化"战略内容

"四化"战略	核心聚焦
主机产品集约化	缩减主机生产厂的数量，集中资源
重要零部件专业化	对重要零部件生产厂数量进行缩减，实施专业化分工，避免重复
一般零部件市场化	将一般零部件做成标准件，全国能够统一螺栓螺帽、垫片、法兰轴等，对符合材料要求与性能要求的一般零部件进行购买，以降低成本，促进分工与规模化
辅助项目社会化	明晰主业，强力推进副业剥离，分离社会职能，通过减瘦身，优化配置资源，把业务集中到最优势的资源和有能力的轨道交通装备领域

强核战略始于"南车"发展的第二阶段,是集团根据中国高铁产业实施"引进消化再创新"产业发展大背景而做出的重大战略决策,包含"以自我为主、引进消化国外先进技术"和"严密组织、全力推进"两个战略过程。2004年,随着原铁道部明确高铁产业发展原则——"引进国外先进技术,联合设计生产,打造中国品牌","南车"首先明确了引进消化吸收的五大战略原则,总结如下表。而后,"南车"进一步组织全国范围内的优势资源,对整个研发体系进行布局,并通过产学研协同创新与开放式创新体系的打造,严密组织,全力推进。分工上,与青岛四方、株机电力、戚墅堰内燃等优势企业联合研发,分工重点攻克一些比较系统的高铁动车技术难题。为对关键技术的攻关和关键技术能力的获取,"南车"进一步联合原铁道部的科学研究院、清华大学、北京航空航天大学、西南交通大学、同济大学、浙江大学等,成立了一个以主机厂为主体、产学研用相结合的一体化研发设计体系,以各方力量共同建构的开放平台实现对技术的引进消化吸收再创新。此外,"南车"还于2007年底成立南车股份,通过上市融资200多亿元(由调研得到的数据),投入到企业的研发与技术工程项目之中。

强核发展阶段引进消化吸收的五大战略原则

核心战略原则	内容描述
合资合作不合并	中国南车青岛四方-加拿大庞巴迪成立合资公司中标1包共计20列动车组的投标，开展和谐号动车组CRH1A车型（速度等级200千米每小时）的联合开发；中国南车青岛四方-日本川崎重工等6家企业的联合体中标3包共计60列动车组的投标，开展和谐号动车组CRH2A车型（速度等级200千米每小时）的联合开发
按照双方的协议引进技术，严格控制国产化	合资合作中，未来高铁关键技术的转移必须达到60%、75%、80%，均制定了详细的要求。高速动车组、大功率电力机车、内燃机车、总程、车体、转向架等九大关键系数，"南车"内部要实现国产化，整车国产化率必须要大于80%
充分消化吸收，做一些资金配套	按照1∶3的比例投钱，引进来1元钱，"南车"再往里投3元钱
先僵化、后固化、再优化	僵化就是人家怎么做"南车"就怎么做，一步一步严格按照国外做；再把先进的技术精髓，通过设计文件、工艺手段、操作规程等固化下来；固化过程后进行技术的优化，思考哪些步骤流程可以改进，能够节省时间与成本，提升效率，创造更好的生产力

续表

依赖自主研发积累形成一个好的技术能力基础	"南车"在这个过程中建立了设计、制造、产品的三大技术平台,再通过创新对技术进行优化,推动产业升级与技术升级

造核战略实施于引进消化吸收过程之后,通过技术引进与消化吸收,"南车"开始有意识地培育组织的核心能力与竞争优势,并通过自主创新进一步强化南车的核心技术能力。人员队伍建设方面,"南车"明确高铁动车引进消化与自主创新两条战线必须配置同一套人员队伍的原则,明确研发队伍不分散,坚持走自主创新和引进消化两条腿协同的模式;组织管理方面,"南车"于2007年提出打造精益南车的方针,推动集团精益化管理,同步塑造"南车"的品牌,从而为"南车"增强核心竞争力,构筑差异化竞争优势提供保障。在实施精益生产带动管理升级的过程中,"南车"把精益生产作为赶超世界一流战略目标的最重要的举措来抓,着力打造科学的工艺流程、准确的生产节拍、清洁的生产环节、有序的物流环节、安全的作业场所和文明的操作目标;研发能力建设方面,"南车"在内部自主创新体系建设的基础上进一步建立国外的电子电器研发中心,推进其在美国、英国的技术研发实验认证,通过全球化开放式创新模式下的生产制造能力优化支撑集团内部轨道交通装备相关核心技术能力的升级与完

善；品牌建设方面，南车集团明确统一的品牌来塑造"南车"的形象，将南车的品牌缩写确定为CSR，也是社会责任（Corporate Social Responsibility）的象征。基于造核战略的相关举措，南车集团为我国高速动车的自主创新示范性工程CRH380A动车组的成功实践做出了核心贡献。

扩核战略实施于高速动车组自主创新的成功实践之后，南车合并至中车前，其业务的结构60%靠国铁，20%靠城轨，20%依赖其他新产业与出口，这样以高速动车为基础的单一产品体系会给企业的持续发展带来风险。随着CRH380A自主创新项目的成功实施，以及国家先后整合资源组建中车、发布"一带一路"倡议、高端装备制造业走出去计划、建设"八纵八横"铁路网、启动高铁外交等举措，南车集团及之后组建成立的中国中车通过实施扩核战略，进一步巩固优化自身的核心技术能力。扩核战略主要包含三个层面。

第一个层面是重点关注核心技术、核心产品和核心能力的成长和突破。首先强调"一个核心"的基础，即通过中车现有的装备制造业理论基础与工程底蕴来支撑，用集团积累的核心技术与核心技术能力支撑集团向其他产业领域的发展，比如制造业中的控制论、弓网关系、轮轨关系等。其次是核心技术，中车结合其前身"南车"与"北车"的快速发展积累了大量的核心技术，包括信息技术、轻量化技术、安全性技术、气密性技术、电磁兼容技术、可靠性技术等，实现了中国高铁面向9大关键技术（主要包括：动车组总成、车体、转向架、牵引变压器、主变流器、牵引电机、牵引传动控制系统、列车控制网络系统、制动系统等）与10项配套技术（包括空调系统、集便装置、车门、车窗、风挡、钩缓装置、受流装置、辅助供电系统、车内装饰材料和座椅等）的完全自主化。最后是产品，通过扩核进一步丰富中车的核心产品族，如动车组、电力机车、轻轨地铁等。

第二个层面是实施组织的国际化经营战略。早在中车组建前，其重要的前身中国南车集团便明确制定了国际化南车战略，通过"走出去"扩展领域。伴随影响力的扩大，中车也采用贸易、许可经营、信贷、合资合作、战略联盟等一系列模式拓展海外市场，涉及北美、南美、中东、中亚、非洲、东南亚、南亚、欧洲等地，并通过兼并收购及海外中心本地化运作等模式推进国际化运营。

第三个层面是自身研发能力与服务能力的深度打造。以合并前的"南车"数据为例，"南车"一直保持年均研发投入大于5%收入的强度，远远大于中国制造业企业研发投入1.7%~1.8%的平均水平（数据来自公司访谈资料）。在高研发投入打造研究能力的基础之上，中车也放眼全球，向全球客户提供细致和周到的产品生命周期的全过程服务，实现高铁产业产品的高性价比输出。

"归核—强核—造核—扩核"为中车突破核心技术能力瓶颈实现追赶到引领提供了实践基础，也为中国高端装备制造业企业的核心技术能力打造、国际竞争环境下的追赶到跃升以及持续竞争优势的形成与完善，提供了重要参考和借鉴。

（本文初刊于《清华管理评论》2018年6月，合作者：梅亮、赵闯）

打造创新极客

如何保持中国经济的稳步增长？来自微观的洞察就是国家要有足够的发明创造，还有为发明创造打造的商业化路径，这些都离不开创新。所以，保持经济增长的微观基础是建设创新型企业。

众所周知，美国、欧洲以及亚洲的一些先进国家非常重视创新。在全球保持竞争力的方法，不是培养一般的企业家，而是培养创新者——即培养改变世界的产品与服务的杰出人才。如何发展出强大的以实体（如芯片、发动机、医药、基础软件等）为主的企业，这对中国的经济和社会发展非常重要。

企业家应该视创新为企业最优先的事项

未来，企业竞争的主题词将发生变化，从数据、信息到知识，从产品、解决方案到创新能力，从竞争、竞合到共赢。知识、创新和共享共赢的模式将成为企业发展的关键。企业家应把创新作为企业最优先的事项。

从现状来看，美国有非常强大的创新企业，全球创新企业还是以欧美为主，特别是以美国为主，亚洲的创新企业只有少数的几家。例如，2016年颁布的改变世界的50家企业，英国企业葛兰素史克位居第一。

从长期发展的思路来看，我们的投资增长不会太高，人口也慢慢趋于稳定，所以下一个经济增长的源泉就是劳动生产率的大幅度提升，创新就是提高劳动生产率的关键。如何依靠创新的思想和知识产权的创造力将成为关键，改变"三来一补"的加工制造模式，转向更多地依靠知识和人才——这是很重要的产业转型方向。

我们党和政府非常重视创新工作。2016年5月20日，中共中央、国务院发布《国家创新驱动发展战略纲要》，提出要"创新驱动"，重视原始创新、集成创新、引进消化吸收再创新，同时强调协同创新。到2030年，中国将位于创新国家前列，2049年或者2050年成为世界科技创新强国。下一个国家发展目标，就是要把中国打造成全世界的科学中心和创新高地。我们在两弹一星、青蒿素、杂交水稻、激光照排、青藏铁路、高铁领域取得了举世瞩目的成就，在跨海大桥、超高速计算机、特高压输电、4G或者5G以及核电和航天技术上取得了实质性的发展。C919大飞机的试飞成功,标志着中国的航空制造企业开始跟欧洲、美国平起平坐,这得益于国家非常重要的战略决策——从简单的资源要素依赖向创新发展迅速转型。

除了营收指标,企业还需强调创新指标

中国企业要摆脱以前主要依靠借鉴、模仿创新的模式,进一步提高自主创新能力。绝大多数中国企业从0到1的原创非常少,值得肯定的是如科大讯飞这样的企业开始产生了从0到1的原始创新。

除了经济指标之外,企业要重视创新指标。创新指标主要表现在以下三个方面:一是新产品营收的上升水平;二是在主导标准和品牌形成方面的能力;三是知识产权——不是简单的知识产权的获取,而是知识产权的收入。知识产权的经营管理非常关键,把知识产权变成商业价值很关键。

关于企业如何创新,有如下五点认识。

第一,企业要高度重视创新。传统企业最重视营运,对创新型企业来说,关键要关注改善,不断地进行渐进式创新,这方面做得比较成功的企业如丰田,每年收到员工创意100万条。而对大多数的中国企业而言,大概每家企业

一年收到员工的创意只有数百条,多的几千条。所以,中国企业应重视通过创意收集改善产品及服务。当然,也需要进一步重视突破性的创意与创新。

创新的四层次模型

企业的发展目标是动态变化的,以前企业比较重视成本和质量问题——虽然这个问题现在还未彻底解决,但是企业的创新能力迫切需要提高。成功企业的标准跟以前有所差别。以前企业只注重营收,现在,评价企业是否健康发展有两个指标,一个是财务指标,一个是创新指标,要保持营运和创新两者间的平衡。创新管理的部门在公司内部应是四个部门的融合:研发、制造、营销和战略管理,创新管理是跨职能、跨学科的全新管理。要成为创新型企业,企业首先要增强对创新的认识。

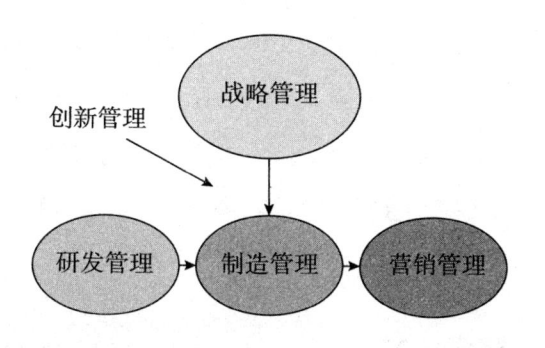

创新管理：跨职能、跨学科的全新管理

第二，加强创新的战略管理。日本在运营方面做得比较好，德国在技术创新方面做得比较好，而全世界最有创新性的企业以美国居多。为什么美国企业创新能力比较强？因为它们的战略模式和商业模式比较强，中国企业要赶超日本和德国，除了加强营运和技术创新外，还要加强战略与商业模式创新以及管理创新，即从原来的通过人来管控的管理模式转变为支持员工发展的管理模式，让人人成为创新者。由此，自上而下的管理模式彻底转变为自上而下的支持、帮助、促进员工发展的管理模式。

美国企业为什么强大？因为它们特别重视以新的商业概念引领全球经济社会的发展，比如，电子商务、智慧地球是IBM提出来的。企业家要保持超前的思维观念，这非常重要。中国企业家需要深入思考的是，2050年~2060年，中国企业能在哪些方面在全球拥有话语权。中国企业家必须保持足够的战略预见能力,要了解消费者的变化,及时预测技术的进展,了解全球社会规则的变化,了解人类生活方式的变化,如工作生活一体化、灵活办公,另外就是了解人口的变化。领先企业大都建立了创新的模型,如西门子的"未来蓝图"战略规划工具就能够帮助企业思考未来。

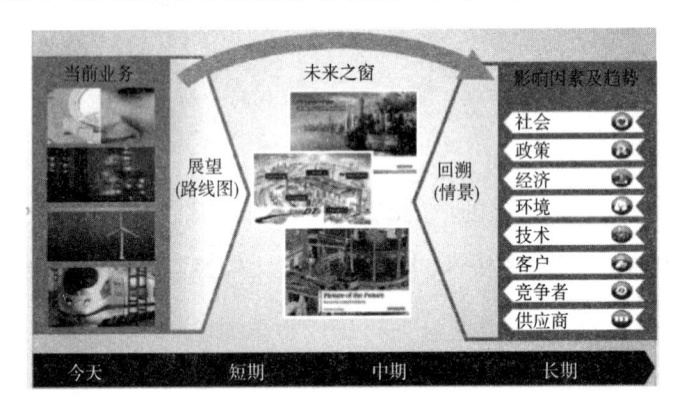

西门子"未来蓝图"

还要重视战略平衡。目前一个新的理论观点是要重点探索第二曲线,而另一种声音提出要把第一曲线做好,即重视传统产业。这种声音认为中国的服装、食品、陶瓷、鞋业等传统产业还做不过国外的企业,为此,应发挥工匠精神,开发出"万物有灵"的传统产品才是关键。第二曲线重视颠覆性和突破性的创新。这一点做得比较好的是美的,美的现在是全球家电排名第一的企业。比较好的方式是"两条腿走路",第一、第二曲线协同发展。

• 第一曲线	• 第二曲线
• 传统产业的深耕	• 新兴产业的探索
• 以工匠精神保证"万物有灵"	• 突破性、颠覆性创新

重视战略均衡：第一、第二曲线协同发展

第三，建设创新的生态体系。创新首先是企业内部的管理创新，中国企业首先要建构内部企业创新体系，如在创新过程中增加愿景、领导力，还要有文化的变革、资源的调配、知识管理、变革管理、绩效体系改善、协调机制以及最后测量体系的改变等。创新是内部系统整合的过程。内部进行研发、制造、财务、人力资源管理等部门的协同。外部需要整合政府、高校、用户和竞争者的资源，这是基于核心能力的创新生态体系的概念。简单地讲，内部管理和外部体系建设同步进行。

这方面发展比较快的企业是阿里巴巴，它的商业平台做得十分成功，阿里巴巴在2009年开始迅速加强以数据技术为核心的技术平台的开发，形成了独特的基于数据技术的商业生态圈和技术生态圈的"双圈"体系。阿里巴巴目前是中国最为成功的企业之一，它的研发投入跟华为差不多，占销售额的14%。未来，阿里巴巴可以继续成为全世界最具创新的企业之一，预计几年之内，阿里云价值应该超过阿里巴巴的价值。

第四，建立强有力的创新团队。我们从国际经验来看，无论是耐克、通用、宝洁还是可口可乐，都非常重视团队的创新，很多创新并不是单个人完成的，而需要团队完成，团队的核心人才包括企业家和CEO，中层管理包括内部管理干部，基层包括研发创新者，还有用户。

首先，企业家是最重要的，我们也知道，创新是企业家最重要的素养。

其次是首席创新官，首席创新官越来越被传统企业认同，越来越被传统的或者新兴高科技企业认同。这个岗位的主要任务就是激发与收集创意，优化创新流程，打造创新组织，实施开放式创新，培育创新文化，强化创新使能要素，建设创新管理体系，最后实现创新的度量。这样的人才配备和创新发展，对创新非常关键。

最后是人才，创新者和一般员工不一样，我们要培养创新人才。硅谷创新者最重要的特征，就是意志、热情和高的艺术素养。

创业者品格12层面，包括关爱、正直、智慧、勇敢、诚信、主动、理性、忍耐、努力、欣赏、乐观和奉献。我们认为这些因素对创新非常关键，根据这些因素，笔者提炼出创新的"五商"，以前是IQ、EQ，现在增加CQ（勇商）、PQ（激情商）、SQ（灵商），这些都是创新极客非常核心的特征。

在《脑与创新》一书中，我提出培养创新人才必须重视脑科学的研究，如保持左右脑的总体联系能力，训练出很强的综合思考能力，平时保持更多的阿尔法脑电波和更好的脑化学平衡。谷歌创新的秘诀之一，就是配给工程师的午餐有了翻天覆地的变化，更多人因为午餐留在了谷歌。

第五，打造创新型企业的多元文化，容忍失败。一是允许文化差异，多元化的管理。ZARA为什么成为全世界最好的服装企业之一，因为它配备非常年轻的设计师，设计师来自多个国家、多个地区，整个设计产品的结构也非常明确，每年有12000多个产品产生。ZARA的成功源于美第奇效应——把科学和艺术结合在一起。西班牙这个国家非常重要的优点就是重视来自欧洲、非洲和阿拉伯世界文化的融合，因此其服装产业十分发达。二是对失败的容忍。清华大学很重视体育教育，体育活动很重要的一点就是训练抗失败的能力。成功企业要非常关心并容忍失败，3M的案例就非常典型，3M整个企业每年创新1500个产品，其中有750个产品是失败的，但其企业能够容忍这么多失败的产品存在，这一点很重要。

中国现在越来越重视创新，下一步，中国需要更多的自主创新，甚至要进行更多的自主可控的创新，加强创新管理一定会助推企业成为创新型企业。中国企业定能在创新发展中取得新的突破,成为全球的创新极客。

(本文整理自笔者于 2017 年 4 月 29 日在清华大学 106 周年校庆活动中的主旨发言)

要有"互联网精神",更要有"工匠精神"

在互联网、移动互联网、创新创业成为热词的今天,"创客"和"工匠精神"等概念同样引人关注。"工匠精神"为何值得关注?为何如此重要?美国畅销书作家亚力克·福奇(Alec Foege)在《工匠精神》(*The Tinkerers*)一书中给出了答案:古往今来,"工匠精神"一直都在改变着世界;热衷于技术与发明创造的"工匠精神",是每个国家活力的源泉。中国的创新驱动发展战略也在呼唤"工匠精神"的回归。

书中所谓的工匠主要指业余爱好者、DIY一族和发明家。他们可能受过专业训练,也可能没有。他们聪明又专注,对捣鼓杂七杂八的玩意有着强烈兴趣,"创造出新鲜玩意"是他们的最爱。他们中有商业上的成功者,也有商场上并不得意的技术高手,甚至还有不少失败者。即使是成功者，大都也经历过无数次失败，然而，他们对风险极高的发明创造，永远执着不悔。

从历史上看，践行"工匠精神"的创新者，就是一群不拘一格的另类人物，他们依靠纯粹的意志和拼搏的劲头，不断用技术与发明改变世界。正是他们，缔造了繁荣世界的伟大传奇。比如，托马斯·爱迪生（Thomas Edison）一生完成了2000多项发明，其中包括对人类有突出贡献的电灯、留声机等。怀特兄弟（Wright Brothers）完成了人类历史上最伟大的发明之一——飞机。从澳大利亚移民到美国的索尔·格里菲斯（Saul Griffith），是位出色的工匠。他最著名的创新，是让他获得3万美元"莱梅尔逊奖"的低成本眼镜片制造设备。格里菲斯自己承认，他的成功得益于开放和自由的小团队。在彼得·戴曼迪斯（Peter Diamandis）的《富足》（Abundance）一书中，迪恩·卡门（Dean Kamen）发明的"弹弓"水源净化器更是神奇，不管什么样的水源，它都能净化出100%的纯净水。

即便是这样成功的工匠，他们也在担心：当一些技术已经精炼到不能再利用它产生工匠行为时，人们就会失去"捣鼓"的兴趣。比如，现在的智能手机，如果坏了，人们首先想到的往往是换一部新的。这也正是作者写作本书的一个重要原因："工匠精神"有一种日渐衰落的趋势，亟待引起人们的关注。

中国是一个并不缺乏工匠的国家。四大发明的发明者，都是了不起的工匠。中华人民共和国成立初期，涌现了一大批优秀的工匠，如倪志福、郝建秀等，他们为社会主义建设事业做出了突出贡献。改革开放以来，王选、王传福、从事高铁研制生产的铁路工作人员等，让中国的创新重新影响世界。在"大众创业、万众创新"的背景下，我们不仅仅要关注互联网及互联网精神，也要细心呵护热爱发明、崇尚技术、献身工程的"工匠精神"。"互联网精神"加上"工匠精神"，才是一个国家更合理的创新创业驱动力。

如何才能培育"工匠精神"

第一，教育是根本。在多年的应试教育思想指导下，人们关注理论，忽视实践，淡化工程。英国教育家肯·罗宾逊（Ken Robinson）在他的新书《让思维自由》（*Out of Our Minds*）中指出，改革教育是培养创造力的最坚实一步，"心灵手巧"是创新者最本质的写照。为此，要让职业技术教育在国家有更高的社会地位，让工程教育在高等教育中有更大的分量，让实践教育贯穿我们的中小幼教育。

第二，强化对工匠的奖励机制。德国工匠勃兰登堡在德国弗劳恩霍夫研究所工作，本来研究的是"传输高保真音乐"技术,但他对"去除多少声音信号而不让耳朵听出失真"技术更感兴趣,并且取得了成功。值得重视的是,他的成功背后有一个有力的奖励机制,即德国政府要求雇主将一部分专利收益让发明者分享。这样的政策,使得勃兰登堡所收取的专利费,大大超过他在弗劳恩霍夫研究所的工资。

第三,建立让工匠专心于技术的组织。微软前首席技术官纳森·梅尔沃德(Nathan Myhrvold)创办的高智公司,是世界上"资助新发明"的公司之一,保护发明家的利益不受大企业的侵害,给工匠们创造适宜的工作环境。相应的,有100位高级发明家相助,高智公司现在拥有世界第七大专利组合。

第四,营造宽容失败的文化环境,建立创新失败补偿机制。技术、发明、创新属于高风险活动,因此,我们要破除在科技创新上存在的"只许成功,不许失败"的老观念,大力营造宽容失败、鼓励创新的文化环境和氛围。

创新创业来不得浮夸,回归"工匠精神",用实干与可靠的技术、发明来扎扎实实地解决人类面临的难题、中国经济发展的困境、产业技术进步的瓶颈,是创新驱动发展的内在核心和根本保障,唯其如此,中国产业核心技术的获取、复杂产品的创新能力才会得到真正的提高。

(本文原载于 2015 年 4 月 17 日《解放日报》)

未来管理职能的提升

管理大师德鲁克（Drucker）认为，在知识型社会中，最基本的经济资源不再是资本、自然资源和劳动力，而应该是知识。然而，由于发展的不平衡，中国众多的企业仍需要接受科学管理的启蒙，传统管理中的计划、组织、领导、控制等职能仍需保留，但内涵和本质有不同程度的提升。

基于愿景和战略的计划职能

计划职能是管理的首要职能，但必须基于美好的愿景和长远的战略。企业如何构筑愿景、产生战略、实施计划，是管理工作的重心。

愿景是最高层次的计划，代表的是组织的最终理想与目标，是组织价值观的体现。愿景是计划的终极灵魂，而计划是愿景的工具与寄托。战略就是一种长期计划，其视角比一般计划更为长远，更加接近愿景的要求，它通过跨越更深广的时间和空间来为愿景服务。

战略是组织在市场竞争中，在总结历史经验、调查现状、预测未来的基础上，为谋求生存和发展而做出的长远性、全局性的谋划或方案。战略管理则是企业为实现战略目标、制订战略决策、实施战略方案、控制战略绩效的一个动态管理过程。

计划是决策的组织落实过程，扮演着执行者的角色，以实现愿景所描绘的理想状态，它像一座桥梁，把我们所处的此岸和我们要去的彼岸连接起来。制订一个完整的计划不仅需要对组织的宗旨、使命有深刻的认识，还需要有效的目标及实现目标的途径。

因此，有效的管理应该构建有层次性的规划，构建"愿景——战略——计划"三个层次的组织规划体系。

内外资源整合的组织职能

组织是管理的第二职能。组织设计必须基于企业的愿景和战略。在组织设计中，传统的思路关注内部组织结构的设计，以保证人与部门的匹配。然而，这常常使组织只关注小团队利益而无视组织的整体利益，增加部门之间的争权夺利。于是，强调组织流程的设计日显重要，以此可促使各部门之间精诚合作。

　　除了组织内部管理，在知识经济的今天，企业最重要的管理任务已经从组织内转向组织外，如何配置组织外部资源成为构建竞争优势的重要一环。与工业化时代风行的纵向一体化相反，知识经济时代的很多组织努力识别出自己的核心能力，并把其他的非核心部分外包出去，从而更好地打造和提升自己的核心竞争力。另有不少企业广泛地开展开放式创新，与供应商、客户、研究机构结成紧密的创新网络。

　　因此，对组织发展来说，如何管理外部组织已经变得与管理内部员工同等重要，成功的企业必须关注内在能力的协同与外部资源的获取这一新的组织要求。

尊重、激励员工的领导职能

　　在此基础上，领导起到了统领的作用，因为管理就是引领未来、计划落实的过程。构建并推广愿景、制订并实施战略与计划以及在此过程之中的决策，都是领导这一管理功能所要解决的问题。

　　正如汤姆·里格（Tom Rieger）所认识到的，管理者的任务是移去组织内部的隔阂，给予员工足够的尊重和自由，赋予鼓励、能力、承诺和支持。员工在某个组织获得的不应只是工资和奖金，还应有生存能力的提升和改变世界的机会，并在追求经济价值的同时，也能追求公平和正义。

管理中的领导职能，就是这样一个新的诉求，它要求管理者放弃胡萝卜和大棒的激励方式，而将尊重员工、释放员工的创造力、提高员工的生理勇气和道义勇气作为激励的本质内容，正如心理学家亚伯拉罕·马斯洛(Abraham Maslow)所言，企业员工需要的是做人的权利。

高效执行的控制职能

组织必须实现既定的目标，因此要十分关注运营工作。组织运营的目的是在已有组织体系的基础上尽心改进，以提升组织效率。为此，组织关注如何提高生产质量、实现零库存管理、优化供应链设计以及实现精益生产等。

知识管理要求企业实现知识的共享，运用集体的智慧提高企业的管理效率，并构筑组织层面的创造能力。

为了确保组织目标的顺利实现，管理者必须不断地检核工作进展与组织目标之间的偏差，并采取有力的措施予以纠正，这就是管理的控制职能。

组织的所有者与经营者之间、经营者与下属管理人员之间，管理人员与一般员工之间存在着代理关系。为了防范代理问题发生，现代公司必然强化公司治理，包括内部控制。

未来企业应高度关注管理的这四项职能,特别理解和把握其所包含的新的要求和内涵,竭力实现高品质发展。

(本文初刊于《管理学家:实践版》2013年第8期)

找寻愿景的哲学

管理学名著《追求卓越》(*In Search of Excellence*)的作者汤姆·彼得斯(Tom Peters)说过,一个伟大的组织能够长期生存下来,最主要的条件并非结构或管理技能,而是我们称之为信念的精神力量。同样的经典名著《基业长青》(*Build to Last*)的作者吉姆·柯林斯(Jim Collins)写道,公司领导应反复问自己:"如果世界上没有我们这家公司,人们会觉得缺少什么?"追问的过程,就是寻找核心价值的过程。如果人们丝毫不觉得缺少了什么,就说明你的公司没有核心价值,你的公司存在的理由也许只对你和你周围的少数人才有一点意义。

那种支撑组织基业长存的信念或寻找企业给人们带来价值的梦想就是组织愿景。当亨利·福特(Henry Ford)在100年前说他的愿景是"使每一个人都拥有一辆汽车"时,很多人认为他在痴人说梦,但放眼现在的美国社会,他的梦想已经实现，而我们又该如何理解100年前有一个疯子曾经说过这样的话呢？这种梦想通常会使人感到不可思议，但又会使人不由自主被它的力量感染。

在日常工作中，愿景促使组织的所有部门拥有同一目标并给予员工鼓励，同时，它也是员工的价值判断基准。如沃尔玛公司的"顾客第一"，宝洁公司的"品质第一和正直的组织"等。此外，它给组织员工指示发展方向，提供激励的基本框架，体现组织的存在目的，如美国默克集团的"帮助同疾病斗争的人"，通用电气公司的"以技术和革新来使生活丰饶"等。

在危机时刻，愿景是组织渡过危机的方向舵。这正是短暂存活的组织和基业长青组织相比的不同之处。人们在有着长期愿景的组织里会着眼于未来，暂时忘却眼前的困难，或者至少有克服这些困难的信心和愿望。

找寻组织愿景是如此重要，然而，如果你找到的是一种立即就能实现的目标，那它充其量只能说是一个战略目标，而不是我们所说的愿景。愿景的力量在于它处于可实现而又不可实现的模糊状态。可以说，愿景的哲学意义是建立在"你想成为什么，所以你能成为什么"，而不是"你能成为什么，所以你想成为什么"之上的。愿景哲学的智慧在于给予组织激发人群无限潜能的力量去实现其人生哲学与组织哲学的终极发挥，这是愿景领导的根本原则。

那么，如何树立组织愿景？树立愿景首先要清楚它是如何起作用的。在经营中，愿景在以下五个方面发挥作用。

第一，提升组织的存在价值。传统观念认为，组织的存在价值是在促进全社会幸福和寻找新的财富来源的过程中创造出来的。近年来，在全球化和信息化的变革之下，组织愿景的概念范围也随之扩大，增加了与全球自然环境共生和对国际社会的责任和贡献等内容，使组织的存在价值这一概念更加完整。

第二，协调利益相关者。组织与利益相关者之间是一种互动共生的关系。组织在制订组织愿景时，必须界定利益相关者的类型、他们的利益诉求以及相应的策略。如果利益相关者的利益不能在愿景中得到尊重和体现，就无法使他们对组织的主张和做法产生认同，组织也无法找到能对他们施加有效影响的方式。

第三，整合个人愿景。现代社会的员工特别是知识型员工非常注重个人的职业生涯规划，要使组织员工自觉、积极地投入组织活动中，就需要用组织愿景整合员工的个人愿景。为此，组织不能仅仅从经济代价或交换的角度去理解个人和组织的关系。相对于经济利益，员工往往更加重视自我价值的实现和个人能力的提升。因此，组织在制订愿景的时候，应当激发员工的自觉参与意识，理解和尊重员工的个人愿景，并将其恰当地融入组织共同愿景当中。

第四，应对组织危机。在动态竞争条件下，组织的生存时刻面临极大挑战，处理不慎就可能演变为致命危机。从组织愿景来讲，一方面，组织不能停留于简单的刺激—反应模式，只顾着埋头救火而忘记抽出时间进行长远规划。另一方面，已经拥有愿景的组织在制订危机处理方案时，必须努力遵循源于经济理论、社会道德的组织愿景，以愿景为危机处理的基准。成功企业在面对危机时，往往为了保证愿景的贯彻而不惜牺牲巨大的当前利益，这些负责任的举动为它们赢得了广泛的尊重，无形中提升了组织形象，提高了它们在消费者心目中的地位，为以后的市场开拓提供了便利，将危机转化为机遇。

第五，增强知识竞争力。组织愿景有助于知识和能力的获取及其作用的发挥。许多学者把组织看作知识主体，而把它的知识创造力看作组织应当追求的竞争力要素。组织知识是以往采取的众多战略步骤的结果，存在路径依赖性。路径依赖性越高，越不易被对手模仿，组织的竞争优势就能更长久。组织如能制订明确的、长期的愿景，保持战略的稳定性和连续性，并保证一切战略战术行动均围绕愿景展开，就能使组织知识拥有长期的战略积淀和深厚的文化底蕴，提高其路径依赖性，增加对手模仿的难度。

组织并不是在创立之初就能明确规定组织愿景的内容及实行方法的，组织愿景也没有怎样才是最好的标准答案。也就是说，组织愿景不是由其内容，而是由其理念的明确性和理念下的整合性的经营活动来规定和强化的。许多组织都可以规定"利用尖端技术生产出电子产品来贡献社会和人类"作为组织愿景，但关键是这种愿景有多么深远并且能否一贯坚持下去。

（本文初刊于《管理学家：实践版》，2013年第9期）

构筑组织的生态体系

就像被城墙和护城河环绕的城堡，很多组织在自身与外界之间设下了牢固的、难以逾越的边界。

20世纪早期以来，大多数组织都视自己为价值链中独立的、孤立的单位，在确定发展战略、营销目标、资源配置等管理活动中，只从自身的发展考虑，不考虑价值链中与其紧密相连的单位，这会导致价值链中的某些环节间的不匹配。例如，空调制造商把自己的设计改动得对压缩机供应商保密，供应商就很难满足其供货要求，尤其是供应商已经全力准备按照原来的设计进行生产时。在严格企业边界思维中，传统组织倾向于保护所有信息，保护自己的知识产权，隐瞒原材料的实际成本、利润率以及各种对自己不利的信息。在组织向扁平化、多样化发展的今天，这种外部边界正日益失去其优势，组织想要完全依靠自身的力量赢得市场竞争愈发困难。并不是说要抛弃所有外部边界,而是要通过使特定的外部边界变得更加便于跨越,以提升组织的整合与创新能力。很多组织已经开始跨越组织的外部边界,实施组织间合作战略,实现整合和创新。

两位杰出的管理学者进一步提醒我们注重组织的生态体系建设。詹姆斯·弗·穆尔(James F. Moore)认为,成功的企业是那些能够快速反应和适应商业生态系统的企业。快速变化的环境要求企业通过相互学习和合作来降低交易成本,保持自身的竞争地位。苹果、IBM、宝洁、礼来等企业的成功表明,仅仅关注自身的内部能力是不够的,必须同时考虑到生态系统内其他生态伙伴的特征与需求,并且构建以企业自身为中心的动态开放式的商业生态系统。哈佛大学的马可·颜西提教授(Marco Iansiti)认为,"未来的企业竞争将由单个公司之间的技术竞赛,转化为生态系统之间的竞争或系统内部业务域之间的竞争,竞争的主题也将成为公司各自所培育并赖以生存的生态系统的整体健康状况。企业之间的关系由单纯的竞争转变为合作共赢以及协同进化。"

组织间合作的优势来自三个方面——交易成本、资源观和战略决策。对交易成本而言,组织间合作可以提高资产回报率,增加组织间效率,并将外部交易成本内部化和最小化,从而降低单位成本。对资源观而言,组织间合作有助于组织实现对关键性资源的控制,将不同组织所拥有的互补资源整合起来。对战略决策而言，组织间合作可协同和扩展市场能力，进而提高组织绩效。

组织间的互动可以使各个组织减少科层组织带来的行政成本，增强经营灵活性，并凭借各自的竞争力构成一条利益链。这样，每个组织可以在专注自己核心能力的基础上，结合伙伴组织的能力来扩展产品功能，拓展市场规模或实现差异化的竞争优势，重组价值链，以达到范围经济性和规模经济性。从某种程度上说，组织间的关系网络的构建比组织内部的结构设计更加重要。管理者在进行组织设计的时候，也应该思考如何将组织设计得更加有利于进行组织间沟通与合作。维萨，全球知名的信用卡公司，正在成为一家无边界的组织。致道景观，深圳的一家景观设计企业，正在积极探索利用模块化组织进行园林行业设计与施工一体化。

如何构建组织间的关系网络，设计开放性组织结构？

首先，组织要生存，就必须跨越外部边界，与外部环境进行有效互动。组织外部的信息输入与反馈对维持组织系统的生命力至关重要。组织主要涉及的外部组织形式有供应商、客户、竞争对手、相关科研机构等。客户的需求信息对组织的生产也具有非常重要的作用。企业往往需要根据客户的需求预期来制订相应的生产计划，而且客户的反馈对企业的产品改进和创新尤为重要。随着全球知识的

"谷歌化"和基于WEB3.0技术的日渐成熟，企业与用户的交叉兼容现象更为显著。海尔，中国知名的家电企业，正努力建设基于大数据的开放式用户创新平台。

其次，即便是同行业内的竞争企业，企业也需要与它们构建一定的组织关系。不同企业在资源禀赋、技术特点以及产业发展阶段上表现出强烈的异质性，通过企业间的合作，相关的企业可以实现资源共享，共担发展的风险和成本，实现合作企业的资源互补，提高创新效率。例如，制药公司和化学公司可以与新的生物技术公司合作，获取生物技术方面的新技术知识；生物技术公司愿意与制药、化学公司合作，获取互补资源以促进生物技术的应用和商业化。

另外，企业与高校和科研院所之间具有很强的资源互补性和依赖性。高校和科研院所可以为企业提供有效的技术（或者管理）支持，而企业可以为高校和科研院所的科学研究和开发提供资本等支持。对企业来说，构建一个与高校和科研院所相联系的有效网络非常重要。西门子，这家老牌的德国企业，由于积极发展与大学、研究所、中小创业企业、智库、政府机构等的关系，仍然具备强大的竞争实力。

总之，组织设计的本质是构建适合的组织结构，促进组织的可持续发展。我们不能再只关注"组织内设计"

和"组织内结构",而应该将"组织间设计"和"组织间结构"的理念纳入组织设计中。在进行组织结构设计的时候,我们不能仅仅考虑组织内部的结构问题,还要思考如何设计更有利于跨越外部边界,与外部的组织沟通与合作。未来组织能力的竞争,是其能否构筑商业平台和商业生态体系的竞争,苹果产品的再次热销和万达地产的卓越业绩,均是明证。

(本文初刊于《管理学家:实践版》 2013年第10期)

后管理时代的管理模式创新

企业经营长期制胜的秘诀是什么？为什么经典的商业模式会导致企业"猝死"？享誉世界的管理大师加里·哈默（Gary Hamel）在他和比尔·布林（Bill Breen）合写的《管理大未来》（*The Future of Management*）一书中给出了详细的解答。继提出核心能力的理念之后，哈默又一次在企业界掀起了管理变革的浪潮。

只有15%的员工非常投入工作

20世纪，通过在"管理的技术"层面取得的突破，通用电气、宝洁、丰田和维萨等企业不断提升经营业绩并在行业内建立起长期的竞争优势。但遗憾的是，绝大多数企业都缺乏一种产生重大管理创新的过程与机制。在《管理大未来》一书中，哈默指出，现代管理的实践和流程是建立在少量的核心规则的基础上的,这包括:标准化、专业化、等级制、认同、计划和控制,以及改变人们行为的外部奖励等方面,但随着企业外部环境的变化越来越快,市场进入的壁垒越来越低,以及数字化和因特网的产生使得知识产权带来的利润越来越小,企业在整个生态系统中能够掌控的东西也越来越少。一份全球性调查报告的研究结果显示,在世界各地的公司中,只有15%的员工认为自己非常投入地进行工作。由此可见,企业现在的管理方式无法激起员工潜在的热情和能力,传统的管理方法已不适应目前环境的变化,企业需要进行管理创新。

  哈默通过介绍全食公司、戈尔公司和谷歌公司的管理创新实践,向读者展示了未来管理的蓝图。全食公司在管理上将民主与纪律、信任与义务、团结的共同体与激烈的内部竞争完美地融合在一起。在这种管理体制下,该公司各个分店的员工小组可以自行决定所在分店的进货、招聘员工等事宜,而不是坐等上级的行政命令被动地执行。戈尔公司是一家以"Gore-Tex布料"专利而得名的企业。该公司积极营造民主的创新氛围,公司内部没有森严的等级制度,没有复杂的组织结构图,且几乎不设中层管理岗位,有的只是员工可"自由参加与退出"的管理小团队。而谷歌公司在其发展过程中则积极建设扁平化的管理层级制度,努力构建横向沟通的密集网络,大力推行奖励提出特别创意的员工的政策,同时,基于团队的产品开发方式,为每个员工树立了用户第一的公司理念。此外,谷歌公司还通过在公司内部实行"70-20-10"的明确法则来保证公司的管理创新不被忽视。

哈默用上述几个案例告诉读者,企业不用传统管理模式来取得优秀的经营绩效是完全可能的。企业的员工同样可以进行自我管理,企业的高层管理者所需要做的就是把创新的权力真正赋予每一位员工,充分发挥员工的创新主动性,让员工选择主动将想象力和责任心带到工作中。哈默充分肯定了人的重要性,指出仅靠单纯的行政命令并不能最大限度地发挥员工的潜力,个人的创新能力和适应能力总是比企业期望的要好得多。由此,未来管理的目标之一就是建立起"值得人们贡献创造力、热情和积极性的组织"。

目前,很多企业已经开始了这方面的尝试,比如IBM公司开展了一个在线的"创新大碰撞"活动,邀请10万名员工、客户、咨询师及其他人员与公司总裁交流他们的观点。对于其中好的创意,IBM公司将会给予资金支持来使其付诸实施。与此同时,IBM公司还鼓励公司的研发人员自行决定所要研发的项目,而不是一味地接受上级的指令。又如印度的HCL科技公司,该公司允许员工向主管开"罚单",而主管则必须把相关问题解决后,才能销掉"罚单",并且"罚单"的多少与处理"罚单"的响应时间与主管的工作业绩直接挂钩。此外，日本的丰田汽车公司在一年中会接到54万份由员工提出的工作建议——这也许正是该公司长期处于行业领先地位的原因之一。

如何舍弃官僚式管理

哈默强调，世界正迈向"后管理时代"，管理的职能开始由传统管理模式的"管理人员"向组织外围延伸，员工开始实行自我管理。互联网的存在成为管理创新的重要契机，它以不可思议的方式放大并聚焦人的能力，改变了企业接触市场、客户和产品研发的方式，IBM公司的管理模式就是一个最好的例证。为了颠覆大多数企业的传统管理基础，哈默给出了三大创新推动实践：发散性思维、新管理规则和反实践洞察力的思维。

要建立新的管理方式，必须首先打破以往的管理模式，因为创新是建立在破坏的基础上的。未来的管理模式要求企业必须时刻保持警惕，不让先例影响决策过程。同时，企业要不断质疑所谓的管理真理，真正理解传统管理模式为企业长远发展带来的障碍，坚信所有的真理都是暂时的。此外，企业还必须拥有自己的信仰，企业管理者要清醒地认识到权力越往高层集中，企业的组织系统就越缺乏活力。为了更好地说明如何进行管理创新，哈默在书中举了山姆可公司的例子。山姆可公司没有正式的公司架构，没有系统的组织结构图，没有业务计划或公司策略，也没有年度计划或长期预算。山姆可公司的首要原则是"以员工的利益来决定公司的未来走向"，如果员工对公司开发的产品或项目没有兴趣，公司便不会强迫他们投入相关工作。但与此同时，员工必须为他们的决定所产生的结果负责，只有当权利与义务对等时，员工的创新才能真正为企业带来价值。

在此基础上，哈默提出了舍弃自上而下官僚式管理的四大条件：

①一线员工对企业业绩结果负责；

②管理小组成员可以实时了解企业业绩数据；

③管理小组成员对影响企业业绩结果的关键变量有决策权；

④在企业业绩结果、员工薪酬和工作奖励之间实现紧密结合。

破除了落后陈旧的管理方法，就应该为企业管理设计新的规则。但这个过程应是渐进式的，尤其是在面对管理流程复杂的大型企业时，更不能马上就打乱原有的流程轨迹，期望一蹴而就会使企业面临过大的运营风险。要想创建具有高度适应性和充分人性化的组织，让独特的人们使用独特的方式生产独特的产品从而获取独特的收益，企业就必须重构自身的管理基因。

同时,哈默总结出未来管理模式的五条设计原则:

①在企业生命周期的过程中,变革是肯定的,因此,企业的决策必须去流程化,有关试验要先于技术且要保证企业系统具有一定的差异性;

②充分利用市场的资源配置功能;

③在企业内部推行民主,让企业管理者为员工服务,真正赋予一线员工创新权力;

④找到公司真正的信仰,即员工真正关心的事情,从而让企业的使命真正发挥作用;

⑤风格特异的城市能为企业带来创造力。

通览《管理大未来》一书,哈默通过论述成功企业背后的管理思维,总结出未来管理创新的真谛,即管理创新需要深入到一线员工,企业管理者应给予员工持续的创新支持,应建立有利于发挥员工积极性和创新潜力的组织体系,由此便会放大企业的创新成果。贯穿此书始终的是哈默一直在强调要改变对人的假设,在我们以前的管理里面,假设人只是流程的一个产物,但这并不能主导流程,也不能在企业里发挥人的主观能动性。他提出的管理创新主要强调,每个人都有很大的创造力,每个人都有很大的创新潜能。我们的传统企业,包括我们现在绝大部分的企业家,基本都低估了员工的价值,只强调自身的创造力。

所以，我们在这一点上太受熊彼特（Schumpeter）的影响，他就是强调经济的发展主要靠企业家的作用，我们企业家也认为自己太有价值了。反过来说，许多企业家缺乏尊重员工的做法，以至于企业对人的尊重不太完整，在这样的组织氛围中，效率会比较低。这也是我们现在讲的自主创新，为什么中国创新不行，不是说社会不行，也不是硬件条件不行，归根结底是企业管理不行。企业管理不行，主要是对人的尊重有很大的差距。我们怎样尊重每一名员工？特别是从内心尊重员工，通过这种假设来改变企业内的各种关系，真正做到组织和人共同发展。

（本文初刊于《管理学家：实践版》2010年第12期）

创新管理对经典企业管理理论的挑战

创新是企业创造竞争优势的主要途径。我国企业要提高竞争力，应及时从效率型企业、质量型企业转向灵活型、创新型企业。同时，我国企业管理的理论与技术创新的客观要求之间也存在着很大的差距。中国目前大多数企业都不具备真正的创新能力，然而更严峻的是对技术创新管理理论缺乏深入了解，绝大多数企业的技术管理仍处于经验管理阶段，离创新管理所需的拥有战略性理念，关注人力资本、组织资本与无形资本，高度重视创新文化等，相去甚远。因此，加强技术创新管理同样是我国企业面临的重要任务。

重写战略管理规则——战略管理逐步从以环境为导向、能力为基础转向能够洞察复杂性的理论体系

按照波特(Porter)、安索夫(Ansoff)等人的理论，企业的战略应以环境为导向，产业结构是决定企业盈利能力的关键因素，企业可以研究企业所面临的环境，选择和执行一定的战略（如成本领先、差异化战略）来影响产业结构，改善或加强企业的相对市场地位，获取竞争优势。技术战略的选择受到多方面因素的影响。企业的技术创新可视为企业为适应环境的变化而发展的一种有效手段，因此企业所处的环境也必然会影响企业技术创新目标的制订和战略的选择。为此，企业不仅在拟定其经营目标、经营战略时要很好地分析企业的环境因素，在选择技术创新战略时，还需对环境做进一步分析。但是，如果企业的发展完全依赖于环境，难以形成主动、进取的发展战略，则容易在环境的剧烈变化中迷失方向。

由此，以核心能力为基础的战略管理理论应运而生，这种理论强调企业能力的培育与开发。与波特理论相反，核心能力理论认为，内部条件是影响企业竞争优势的更重要的因素，核心能力是市场优势的来源，有效的战略管理应以能力为基础。然而，企业核心能力的培养需要较长的时间（有的需要10年左右），企业苦心经营的核心能力能否适应不断变革的环境，目前尚有争议。核心能力有时可能成为刚性、僵化的优势。因此，企业核心能力理论的全面性和实用性尚待完善。

基于上述战略理论各自存在的缺陷，以拉尔夫·斯达西（Ralph Stacey）提出的新型的基于结构化混沌的复杂性战略管理理论应引起高度重视。复杂性战略指技术和市场都处于潜在状态难以预测，对于非常新颖或非常复杂的产品，用户往往不能意识到它的出现，或即使意识到也难以表述，但通过技术开发者与领先用户的合作可以开发出新的技术和新的市场。由于环境变化的步伐越来越快，企业在制订战略决策时不可能掌握足够的信息资源，谁先进入市场，谁就是最大的获利者。因而，对于面临高度不确定和动态变化的环境的企业，掌握充足的信息资源后才制订企业战略已不是明智之举。在信息泛滥的时代，无论对个人还是对组织，重要的不是拥有信息量的多少，而是获得信息的时间差以及在获得信息的基础上迅速行动。只有最早获得信息，最早开始行动才会成功。因此，在一个高度不确定的市场上，步步推进的战略演变成了一种随机表演，这样做的好处是能够尽早地介入一个新市场，在利润最高的时候抢夺市场份额。企业在保持自身核心技术和核心能力的基础上，不断增强社会关系，是实现"结构化混沌"这一创新佳境的关键。进一步开发基于复杂性理论的战略管理理论体系显得极为迫切与重要。

完善营销管理理论——领先用户法的重要性

随着科学技术水平的不断提高，创新中所遇到的技术难题变得相对容易应付，与此同时，深入了解潜在或正在出现的市场需求的重要性越来越突显出来。另一方面，企业也迫切需要一种高效率、系统化的商品化方法使得他们能够迅速地开发和推广新的产品和服务。传统的营销管理侧重于推销，难以识别领先、未来的需求。为满足新形势的需求，传统的营销管理应从经典的4P转向与领先用户开发新产品，同时加强营销部门与研发、生产、计划以及采购部门的合作。

大量的事实表明，用户是企业创新信息的最主要来源。用户作为创新者的原因在于创新实质上是技术和市场的有效结合，而用户可以说是市场的代名词，因此，理解用户需求，确认市场趋势，对企业的产品和服务创新而言是不可或缺的。然而，现实的问题是如何去发现用户需求，定位潜在市场。传统的用户调查和市场研究分析方法应用得十分普遍，但是收效不大，对于非常新的产品和具有快速变化特征的产品种类（如高技术产品）一般也不太可靠。冯·希伯尔将领先用户从普通用户中区分出来，强调了领先用户在创新早期过程中的作用，并使得企业能够通过系统化的领先用户研究方法迅速完成创新产品和服务的商品化过程。根据他的定义，领先用户指对未来市场上流行的产品或服务，现在就对其有强烈需求并能从中获益的厂商（用户）。

采用领先用户法是目前营销理论完善的核心，著名的学者坎特（Kanter）经大量的实证研究还发现，创新很少能在单独的部门内取得成功，绝大多数最好的创新思想都来自一系列的整合过程。这些整合包括组织内部各个部门（如研发部门、生产制造部门、营销部门、企业发展部门等）的整合，组织内部高层、中层与基层之间的整合，组织内部资源与外部资源之间的整合以及技术与市场的整合。有效的创新还需要加强与供应商、用户、竞争对手以及外部其他合作伙伴的联系。总之，基于要素组合的市场化行为的集成创新以及界面沟通等整体营销当属目前营销管理的重点。

组织结构的重新设计——从传统的组织向"C型"组织转变

一个组织的绩效在很大程度上取决于合适的组织结构形式，而企业的具体组织结构形式受本身性质、规模、市场、管理者的决策和环境的变化以及文化传统等内外诸多因素的影响而有所不同。U型、矩阵式、M型等组织形式适应了工业经济时代企业发展的要求，主宰了工业经济时代企业的组织形式，对工业经济时代企业的发展壮大无疑起了非常重要的作用。但是，建立在知识和信息的生产、传播和应用基础之上的知识经济时代，企业面对的生产要素和战略资源以及内外环境发生了重要变化。对许多企业,尤其是以知识和智力资源为主要资本的知识型企业而言,原有的传统组织形式已不能很好地适应迅猛发展的需要。

最近,在一些知识密集型企业,尤其是软件开发企业中,又出现了一种被称为"C型"组织(或称社区型组织)的新的组织形式。在这里,我们将C型组织定义为伴随着互联网的迅猛发展而产生的一种以公开源文件为基本特征的、没有正式组织结构和边界的、由遍布全球的依靠共同兴趣结合在一起的参与者组成的松散而又高效的新型组织形式。

C型组织具有以下特征:①没有正式的组织边界;②追求更高目标的强有力的团队文化;③所进行的工作没有物资报酬——产品供免费使用;④没有商业秘密——所有的开发工作都是在互联网上公开进行的;⑤联络方式经济有效;⑥项目最初源自兴趣而不是基于市场调查;⑦免费公开产品的源文件。在C型组织中,由于数以百计、数以千计甚至数以万计(如Linux的案例)的开发者的加入,软件开发进程大大加快,程序错误的检查和修复效率也比不公开源代码的开发方式高得多。

由于最重要的用户往往同时也成为开发者,因此由市场来最终决定软件需要增加哪些功能和特色,这样,企业就会开发出非常有用的、可满足用户需要的软件。这里,对机械制造型企业也有重要的启示，即建设与用户协同创新的社区型组织，不单纯将产品开发做到底，而是为用户的创新提供先进的开发平台，以积极而充分地引进用户的智慧。

财务管理的变革——重视对无形资产的评价

工业经济时代生产力的提高依赖于自然资源、机械、劳动力，而知识经济时代，生产力的提高则是依靠知识的运用。创新思想、概念以及核心能力是如今的关键资源，对知识这种无形资产的管理能力已成为一种核心竞争能力。知识与有形资产截然不同，对知识的管理需要采取相应不同的方法。如今，企业开始重视对知识、人力资本（如学习、研发）的投入，且这种投入远远大于对有形资本（如资产、工厂、设备）的投入，这种趋势在先进国家制造业体现得特别明显。如今，企业的资本不再仅仅指显性的物质资本，还包括人力资本和关系资本两大重要的隐性资本。对企业价值采用传统的财务评价方法在知识经济时代的科学性受到了严重质疑。传统的评价方法通常采用净现值（NPV）法，以短期利益为导向，这种方法不能对企业的长期竞争能力做出正确的评价。有远见的投资商在做出投资决策时，除了权衡传统的财务指标外，应该特别重视对非财务指标（如核心能力、知识产权、信誉等）的综合评价。从简单的收购、兼并转向购并有核心技术的公司和人才。因此，企业应该重视隐性资本的积累，提高企业的知识管理能力。

完善人力资源管理

创新管理对人力资源管理提出了新的要求，为了使技术创新有效地进行，必须在一个创新组织中根据企业核心能力的需求，配备具有各种独特功能的人员。具体包括以下5种人才：①企业家——负责把自己或者别人的技术创新思想推向组织内部以至整个市场；②产品拥护者——通常，他们都是公司内部的高级人员，负责对企业家、创新科学家所忽视的产品提供支持，有时对这些产品的研发提供种子资金，使产品经历初始阶段，直至得到公司的信任与支持；③项目经理——负责新产品或技术的具体开发，决定哪些创意值得开发，哪些创意需要等待时机，哪些创意需要资金支持；④桥梁人物——负责收集重要的信息，桥梁人物可分为技术桥梁人物和市场桥梁人物，他们分别负责各自领域信息的收集，分别把创意推向制造部门和市场；⑤技术开发者——他们是创意最主要的直接来源，通常是具有创造力的科学家和技术工程师。

研究表明，具有创造性的科学家、工程师得到了过分重视，绝大多数企业都高估了他们在技术创新中的作用，以至忽视了对另外4种创新人才的有效利用和管理，从而不能产生高效率的创新。为实现有效的创新，企业应建立上述完备的人才资源。此外，企业必须高度重视具有两个以上业务知识的人才数量，优秀的企业将这种人才占企业员工总数的比例控制在 40% 以上。只有具有多种知识的人才汇聚在一起，才能产生"结构化"的混沌，这是创新性与战略性思考与运作所亟须的。通常情况下，参与技术创新的员工基本上都属于知识型员工的范畴。知识型员工的高素质、高学历及优厚的薪酬决定了他们的激励因素主要集中在个人成长、工作自主、工作成就这些层次的需求方面，而金钱激励因素退居相对次要的地位。因此，对员工进行单一的物质激励的激励模式需要进行很大的调整与完善。企业应增加对员工的精神性激励、情感性激励和发展性激励，其中，创新人员职称评定及今后的职业发展轨道设置，是技术型企业人力资源管理的关键。为此，企业必须建立多等级技术职称评定体系和多轨道职业发展途径，这是高效激励科研人员的创造性、维系公司忠诚度、保持公司核心能力和核心人才的重要手段。

实现从传统企业文化向创新文化的转变

崇尚创新的文化,可以称为创新文化。创新文化对技术创新的有效开展起着重要的作用,与信息、资金和组织结构相比,创新文化被称为创新的另一面。创新文化决定企业技术创新的导向,是企业技术创新动力机制形成和高效运转的环境,是现代企业创新活动效率和效益的源泉。为实现从传统的企业文化向创新文化的转变,企业应努力做好以下工作。

1. 重新设计价值观。当代创新文化应以企业家精神为核心,追求超前、开拓、变革、卓越的文化。经济学先驱萨伊(Say)指出:"把经济资源从生产效率较低、产量较小的领域转到生产效率较高、产量更大的领域的人便是企业家。"而约瑟夫·熊彼特(Joseph Alois Schumpeter)进一步阐述:"创新是企业家对生产要素的重新组合。"由此可见,创新是与企业家精神密不可分的。同时,创新文化决定企业技术创新的价值导向。企业技术创新的规模、水平、重点以及方式往往由其价值导向决定。

2. 对制度体系进行创新。制度创新是企业发展的基础,是企业不断创新的保障,是文化创新的基础。与技术创新相关的制度包括研究与发展制度、人力资源开发制度等。通过制度创新调整企业的组织结构,修正完善企业内部的各项规章制度，可以达到资源的合理配置，发挥最大的效能。"创新之王"3M公司为了在整个公司范围内激励起创新的热情，推出了"15%规则"的制度创新，对创新文化的形成产生了积极的效果。

3. 行为规范的重新设计。行为规范是文化的基本特征与具体表现。创新文化在行为规范方面表现为企业家和企业员工对创新的高度重视、理解和参与，容忍失败，企业对员工背景（国籍、所在地区和家庭等）的尊重。行为规范的创新为企业文化的创新提供了支持。通用电气公司的行为规范设计是一个典型的例子，它倡导建立"无界限公司"，呼吁大家打破一切沟通、行动的障碍，所有员工应该能够获取必需的信息，也应该提供所有有用的信息，与外界充分沟通，达成共识。

4. 重视创新文化的实物载体。实物载体是创新文化的客观标志，具有明显的指导与示范效果。完善的报酬体系能够促进创新文化的形成与发展。报酬体系应体现对风险承担、创新进取和长期利益实现的奖励，同时鼓励知识、信息的共享以及团队合作精神。企业可通过建立个性化的办公室、设立明显的最佳创新员工标志、建立企业创新产品的展示场地等方式来弘扬创新文化。

（原刊于《中国机械工程》，2003年2月上半月）

中国企业当前最需要"紫海战略"

随着市场进入者的不断增多,同业竞争者们纷纷通过降价、争取效率抢占越来越薄弱的利润,它们无不希望自己能挖掘出全新的商业领域,从拥挤的市场中抽离,开辟出一个无人争抢、前途坦荡的新领域。

12年前,"蓝海战略"的提出者们用"红海"描绘了这种人多拥挤的现有市场,用"蓝海"称呼面积宽广、尚未被污染的新业务,并鼓励企业摆脱红海,通过价值创新找到属于自己的处女地。

然而,"蓝海究竟能维持多久"越来越受到企业经营者们的质疑。

近年来,在VR蓝海中,从谷歌、facebook等科技巨头,到名不见经传的初创企业都在争相布局;在新能源汽车市场内,无论是特斯拉类的专业性厂家,还是乐视、阿里巴巴等互联网公司,甚至是传统家电企业格力都力图买到第一张船票；在刚刚兴起的共享单车领域，摩拜、ofo、小蓝单车、小鸣单车纷纷抢占生存空间，京沪广深的街头随处可见颜色各异的出行产品……

一朝一夕之间，蓝色海域就变成一片猩红，企业又重新回到人多拥挤的原点。

今天，红海和蓝海之间的界限已经越来越模糊，单一用这两种概念描述商业竞争明显不可取。蓝海只是一个片段，所有蓝海终将被染成红色；红海也只是表象，任何一片红海内都隐藏着某些蓝色的海沟。因此，企业绝大多数时候，其实都处于一片红海和蓝海的混合区域——"紫海"之中。

该不该坚守蓝色海域

蓝海溺水，往往是因为两头不讨好

蓝海战略描绘了一个理想的乌托邦场景，值得每一个在现有业务中挣扎的企业垂涎：加大服务创新能力，大幅提升买方价值，尽可能压低价格，形成低成本优势，从而让自己的蔚蓝海域长时间内不被其他竞争者侵入。但是，在新市场频频诱导下，低成本的压力却不断来袭，一些急于求成的中国企业不由地乱了阵脚。

蓝海战略一手抓产品的创新度，一手抓产品的质量品质，这就意味着企业需要具备较为成熟的二元文化，但是目前很多中国企业文化仍局限在一元阶段内，无法在生产运营与创新变革之间做到平衡。更有甚者，尚未做好内部的变革调整就匆忙上马开辟市场，最终无法兼顾两头，失去了实现这一美好愿景的机会。

那些率先在蔚蓝海域中插上自家战旗的企业——如美的集团、阿里巴巴、网易等企业，都在"创新"与"质量"之间做到了较好的平衡。美的富有远见地布局智能生产，并专注工匠精神，最终成为全球家电的领军者；阿里巴巴提供定价低廉而独具颠覆力的服务产品，才能不断扩张阿里生态圈的聚合力量。而更多蓝海的试水者，一旦只见"创新"，不见"质量"，就会对自身品牌造成持久的、致命的损害。

不具备足够的战略空间，就别轻易挑战蓝海

"蓝海战略之父" W. 钱·金教授（W. Chan Kim）2016年在接受记者采访时，就强调了面对成群结队的模仿者，蓝海业务需要不断进行更新和保护，陈劲教授也深有同感，他认为，影响蓝海持久力的关键在于企业的战略方向。蓝海变红只是时间问题，如果所选海域的战略空间狭小，更新和保护的机会则会有限，水质清澈的时长将被大幅缩短，企业将在变红的瞬间束手无策。

2008年，IBM首次提出"智慧地球"的概念，开始利用自身的大数据与云服务技术，与全球的各国政府、本土企业与技术人员合作，整合各方资源，帮助城市的运营与管理工作变得更加有效，这个庞大而漫长的系统工程虽然还在开拓阶段，但目前尚未被对手搅红，也为IBM未来业务的扩容与修复提供了宽广的空间。2014年，IBM又开拓出"认知计算"新蓝海，希望通过人工智能，加强对多个行业领域的布局。

中国企业在具有先发优势的高新技术方面，与西方企业具有一定差距，对那些无法找到大容量战略空间、冒险进入狭小蓝海的企业而言，一旦风险来袭，"一锤定音"的失败可能马上就会到来。

因此，如果想将蓝海片段尽可能地延长并保持，企业需要具有成熟的二元文化和广阔的战略空间。

让红海中被遗忘的角落变蓝

"紫海战略"是新西兰惠灵顿维多利亚大学管理学院教授斯蒂芬·卡明斯（Stephen Cummings）在与陈劲教授探讨时提出的概念，希望能够把红海思维和蓝海战略整合到一起，为当下的企业竞争提供一个全新的思路。

紫色是红和蓝的结合，这也是当下企业所面临的新常态。紫海战略意味着要在红海领域中开拓出新蓝海，企业一方面立足于红海的现有业务与成熟市场，另一方面通过商业模式创新将"蓝色领域"从中分离出来，挖掘出消费者尚未被满足的潜在需求，生产出品质高档、成本低廉、市场广阔的优质产品。高创新、低成本和用户优化，是执行紫海战略的三大关键。

亚马逊就是紫海战略的一个典型实践者。

图书销售网站出身的亚马逊，依然选择在红海之中分离出"电子书"的蓝海市场，通过发售Kindle电子书阅读器，把消费者的阅读对象从纸质图书转移到了电子产品，并利用大数据技术为用户实现定制化服务，提升了用户的消费体验；采用批发代理机制实现电子书的买方垄断和零售卖方垄断，大幅降低产品的购买价格，使其远低于苹果公司等其他竞争对手，实现了质美价优的新服务。到了2015年，亚马逊这一业务占据了美国电子书总体购买量的74%，形成了不容颠破的强势垄断。

在肉搏式竞争的手机市场中，小米模式同样也是紫海战略的领航者，它试图通过高性价比的产品、电商模式创新、用户导向思维杀出一条血路。在四年增长的"高度公路"上狂奔之后，小米手机在2015年开始遭遇销量瓶颈，于是它一面继续扩容，一面立足于原有的用户基础，通过供应链合作创新，进军"利润像刀片一样薄"的家电产业。虽然其效果有待观望,但是陈劲教授认为,小米"像同仁堂一样做产品,向海底捞学用户服务,向沃尔玛、Costco学运作效率"的"新国货"思路,对于转型中的中国制造业具有一定的借鉴意义。

中国企业为什么要选择紫海战略

蓝海只是竞争形态中的一个片段,紫海才是持久的状态。在陈劲教授看来,从中国企业实践中得来的紫海战略,尤其适应现阶段中国的商业竞争环境。

保持中国企业的低成本优势

虽然蓝海战略理想化地强调"低成本",但是这是一种相对描述。从实践中看,企业若想开拓出新市场,其空间的产品和服务往往需要高端技术的帮助,很难做到绝对的低廉。

相反,紫海战略充分利用已有的市场资源、默契的技术支持、熟悉的用户偏好,可以真正做到成本优势。"紫海战略的首要标准就是,性价比要比其他企业都具有竞争优势。"

目前国内劳动力成本攀升,企业的利润空间受到挤压,消费结构正在升级,传统的中国制造路数已经无法在国际市场中分到更大的蛋糕。但是差异化、高质量的商品策略仍需要与低价结合起来,这才是中国企业利用历史优势,重塑竞争力的核心所在。

开发普及率高的大众化产品

蓝海市场的服务对象不是大众。新产品所吸引的,往往是小众的高端市场。虽然也有蓝海企业通过长时间的经营与维护,最终将产品拓展到主流消费者身上。

比如,Netflix在十年间从边缘创新的在线影片租赁商,逐步发展到全民流媒体。但是漫长的投入周期同样考验着企业的耐性与风险承担能力,这在高不确定的商业社会中显得尤其残酷。

而紫海战略立足于原有的红海市场进行用户优化,所产出的新产品或服务,具有天然市场占有率优势。中国企业目前最需要的,正是这种大众化、高覆盖率的革命性产品。

有益于中小企业实现战略突破

以亚马逊、阿里巴巴、美的集团、网易为代表的蓝海战略胜利者,都是在拥有了一定的资源与规模之后,渴望一个无人抢占的市场时,选择了寻找新战场来为未来布局。但这对资源短缺型企业或中小型企业来说并不适用。首先,新市场具有较高的准入门槛;其次,一旦中小企业全力投入，遇到风险之后，就有可能会覆水难收。

但是，已经被竞争对手占领的红海市场，实际也是消费者确定存在的成熟市场。无论是何种规模的企业，在自己的海域之内，都拥有独特的用户群体与领地资源。中小企业在红海之中，寻找竞争少甚至是无竞争的区域，就极可能因为相对优势而取胜。

因此，若遵循传统的经营思路，企业在同质性的红海中生存下来的可能性很小；若大胆尝试全新市场，企业往往捉襟见肘地面临诸多风险。海域的变化是时刻都在发生的事实，红蓝也在逐步加深渗透，企业在保持住自身的核心竞争力的同时，不断进行开拓创新，正是紫海战略的意义所在。对于转型期的中国企业来说，这也是效率与安全上的最优选择。

（本文整理自"界面新闻"记者刘怡君对陈劲教授的专访《蓝海是个乌托邦 中国企业当前最需要"紫海战略"》）

动态能力与水之哲学

动态能力是"公司整合、建立和重新配置内部和外部能力以应对迅速变化的环境的能力",它与中国特色"水之哲学"有完美的相似之处,都是动态的、包容的、开放的、辩证的、复杂多变的、不可预测的。

动态能力理论

在组织理论中,动态能力是指组织有目的地调整组织资源基础的能力。这一概念由大卫·蒂斯(David J. Teece)、加里·皮萨诺(Gary Pisano)和Amy Shuen在其1997年的论文《动态能力和战略管理》中定义为"公司整合、建立和重新配置内部和外部能力以应对迅速变化的环境的能力。"该术语的英文表示通常以复数形式出现,即动态能力,强调对外部变化做出适当和及时反应的能力需要多种能力的结合。

基于资源的企业观点强调可持续竞争优势；而动态能力观则更多地关注竞争生存问题，以应对瞬息万变的现代商业环境。战略学者格雷戈里·路德维希（Gregory Luduig）和乔恩·彭伯顿（Jon Pemberton）在关于这一主题的少数几项实证研究中呼吁澄清特定行业动态能力建设的具体过程，以使这一概念对高级管理人员在为公司确定战略方向时更为有用。动态能力理论关注的是成功企业的高级管理人员在维持最低能力标准以确保企业竞争生存的同时，制订战略以适应根本性的不连续变化。例如，传统上依赖于特定制造过程的行业在新技术出现时，管理者需要调整自己的惯例，以最大限度地利用现有资源，同时规划未来的流程随着资源的贬值而发生变化。Amy Shuen在她对Web2.0的分析中提出的新动态功能框架（New Dynamic Capability Framework）侧重于公司快速组织和重新配置外部来源能力的能力，从苹果、谷歌Android、IBM Linux开发者生态系统到包括Obam 08移动应用程序在内的众包开放创新——同时利用内部资源，如平台、知识、用户社区和数字、社交和移动网络。新动态功能框架考虑到了这些因素。但据Philip Cordes-Berszinn说，需要进行更多的研究，以衡量"能力"，并将这些想法适当地应用于实际管理情况。

与资源基础论和核心能力相比，动态能力具有的基本特征如下所述。

1. 动态能力具有开拓性。动态能力理论源自资源基础论，且吸收了核心能力理论的许多观点，因而在特征上与核心能力有相似之处。但动态能力是改变企业能力的能力，并在创新上具有开拓性动力。创新的动力是再生性的或开拓性的，企业动态能力不仅关注企业特有的组织惯例，其焦点更是放在克服惯性的创新和开拓性能力上。在动态环境中，动态能力崇尚建立开拓性学习能力。开拓性学习是为了在长期内向企业提供新的战略观念而进行的侧重于变革的学习。

2. 动态能力具有开放性。建立在开拓性动力之上的动态能力呈现出开放性的特征。动态能力是企业整合了内部知识与吸收性知识的产物。因为吸收性知识在企业内部和外部资源与能力之间起到了桥梁作用，所以动态能力理论强调建立从外部途径吸纳知识的特殊能力。这与强调企业能力内部化积累的资源基础论和核心能力论有很大的不同。动态能力由于其开放性而显现出灵活性，从而减少了能力中的刚性不足。

3. 动态能力具有复杂性和难以复制性。因为动态能力建立在企业的流程基础上，而其流程具有复杂性，所以，在动态环境下的动态能力具有复杂性。同时，企业流程的紧密联系性导致组织能力系统在不同层次都表现出一致性，如果改变企业内某些部分流程，就必然会引起其他部分流程的相应改变，在这种情况下，动态能力的复制就变得非常困难了。

阿恩特、皮尔斯和提斯（2017）详细描述了动态能力的过程和理论根源。大卫·蒂斯、加里·皮萨诺和Amy Shuen提出了组织应对新挑战所必需的三种动态能力：员工快速学习和建立新战略资产的能力；将这些新的战略资产，包括能力、技术和客户反馈纳入公司流程；最后，对折旧后的现有资产进行转换或再利用。大卫·蒂斯将这三个阶段的成功实施称为"企业敏捷性"。展开表述如下：

1. 学习。第一阶段是学习，雇员和经理必须重组他们的日常工作，以促进成功解决特定问题的互动，认识和避免功能失调的活动和战略盲点，并适当利用联盟和收购，从外部来源为公司带来新的战略资产。这方面的一个实际例子是Jean-Pierre Jeannet和Hein Schreuder在他们的《从煤炭到生物技术》（*From Coal to Biotech*）一书中，阐述了荷兰DSM公司如何使用"战略学习周期"两次改变自己。

戴维·A.加尔文（David A. Garvin）在1988年的《管理质量》（*Managing Quality*）一书中指出了"新资产"的概念，其质量性能取决于收集和处理信息的组织惯例，将客户经验与工程设计选择联系起来，以及协调工厂和零部件供应商。日益增强的竞争优势还要求通过联盟和伙伴关系整合外部活动和技术。

2. 现有资产的转换。经济学家阿米特和斯科梅克在1993指出，在快速变化的市场中取得成功，取决于重组公司的资产结构，以实现迅速的内部和外部转变。企业必须开发出成本低廉的变革流程，同时在竞争之前完成重组和转型。这可以得到权力下放、去中心化和战略联盟的支持。

3. 协同专业化。另一个"动态能力"的概念是协同专业化。例如，一家公司的有形资产、人力资源和知识产权经过一段时间的共同发展，其合并价值比单独的高，并使企业具有可持续的竞争优势。

从以上可以看出，动态能力理论强调：改变导向（Change-oriented）的能力；快速创新；实时反应；短期竞争优势；资源与能力的重整、组合、获取与调适；网络型组织。上述过程都强调动态和创新，和水的特性有很多的相似之处。水是液体的，是动态的，正所谓"兵无常形，水无常态"。

水之哲学

水（化学式：H_2O）是由氢、氧两种元素组成的无机物，无毒，在常温常压下为无色无味的透明液体，被称为人类生命的源泉。水是地球上最常见的物质之一，是包括无机化合物、人类在内所有生命生存的重要资源，也是生物体最重要的组成部分。水在生命演化中起到了重要作用。它是一种狭义不可再生，广义可再生资源。

为什么说水是一种广义可再生资源？通过观察和分析水的形态，我们可以体会水的内在核心力量。水是有生命的。无论是"飞流直下三千尺"的激越，还是"奔流到海不复还"的执着；无论是"惊涛拍岸，卷起千堆雪"的横流，还是潺潺细涓的蜿蜒。水流动的特性、灵动的本质，使人们从水的慷慨哺育和无声的滋养中把它与生命的活力和心灵的感应联系在一起，给人以人格的力量；又因其流动的不同风格和态势，从哲学的层面思考，把它与人的不同秉性和气质联系在一起，从而给水赋予了人格的魅力，哲学之水的内涵在人格魅力的拓展中，更显张力。

在中国早期哲学思想中，水是最具创造活力的隐喻。老子曾把水提到哲学的高度进行全面的论述，因而老子的哲学又可称之为"水的哲学"。张岱年先生指出，"道是老子本体论的最高范畴"。老子的"上善若水"说最为有名。老子《道德经》："上善若水。水善利万物而不争，处众人之所恶，故几于道。居善地，心善渊，与善仁，言善信，正善治，事善能，动善时。夫唯不争，故无尤。"

上善的人居住要像水那样安于在下，交友要像水那样亲和温柔，言语要像水那样真挚诚实，为政要像水那样清廉，办事要像水那样有条理，行为要像水那样伺机而动。老子在《道德经》中用了很多文字阐述水的"善""柔""不争""处下"等道理，丰富了其水之哲学。流动的水不管是清澈还是浑浊都是能够加以并合的。

孔子直接说到水的言论并不多，最有名、也最精彩的是他答弟子问时的一段话。《荀子·宥坐》中有一段，孔子说"夫水，大遍与诸生而无为也，似德。其流也埤下，裾拘必循其理，似义。其洸洸乎不淈尽，似道。若有决行之，其应佚若声响，其赴百仞之谷不惧，似勇。主量必平，似法。盈不求概，似正。淖约微达，似察。以出以入，以就鲜洁，似善化。其万折也必东，似志。是故君子见大水必观焉。"孔子的意思是说，水呀，给予所有生命而自己并无偏私、无所作为，好像德。它流动向着低下的地方，桀骜不驯难以束缚，但它的流动随弯就直、随物赋形必遵循一定的规律，好像义；它浩浩荡荡没有穷尽，好像道；如果有人掘开堵塞物而使它通行，它随即回声应和，奔腾向前，奔赴百丈深的山谷也不畏惧，这似乎是它的勇敢精神。它注入量器时一定很平，好像法度。它注满量器后不需要用刮板刮平，好像公正。它柔和得所有细微的地方都能到达，好像明察。各种东西在水里出来进去地淘洗，便渐趋鲜美洁净，好像善于教化。它千曲万折而一定向东流去，表现出它的意志。所以君子看见浩大流水一定要观赏它。

释家从另一方面对儒道两家做了补充，说"大海不容死尸"。就是说，水看上去不择物，不择地，实际上至净至纯，不容污垢。水的本质洁净剔透。禅感悟水的本质为"净"。净则心空。心中没有其他的事物，便毫无挂念，这就是忘我。无物则静，静则空，空则明，明则智，智则无欲，无欲则刚。禅的悟水之道便在这里。因而我们也能从更深层次感悟到水的内涵——"净""空""明"。这既是水的特质，同时也是水的品格。禅对水的体会丰富了水性，使水的意蕴更加丰满厚实了。

水的人格的魅力在奔腾跃动中展现。曾给水赋予生命活力的是生活在2600多年前的管仲。《管子·水地》中说"水者，地之血气，如筋脉之通流者也……集于草木，根得其度，华得其数，实得其量。鸟兽得之，形体肥大，羽毛丰茂，文理明著。万物莫不尽其几，反其常者，水之内度适也。"水是大地的血和气，水为生命之源的道理在这里得到了生动的描绘。这个总规律蕴涵了以下的规律。

其一，水蕴藏对立统一之规律。一是相反相成。老子曰："有无相生，难易相成，长短相形，高下相盈，音声相和，前后相随。"其中"高下相盈"的"盈"也作"倾",故今本作"高下相倾",意指位势,水分高下,充之为盈,过满而溢,则会倾覆,转为低下。老子说的"洼则盈"是指低下的洼地反而充满水。《诗经·小雅·十月之交》云"百川沸腾,山冢崒崩。高岸为谷,深谷为陵。"这充分说明了相反相成之自然辩证法则。二是物极必反,即对立转化。老子说"浊以静之徐清。"水浊因静而慢慢澄清,人在动荡中因虚静而澄清。"祸兮,福之所倚;福兮,祸之所伏。""持而盈之,不如其已。""功遂身退,天之道也。"执持盈满而倾覆,还不如适量可止。功成名就,含敛而退,这是自然之道。否则,自取其咎。

其二,水蕴藏循环运动之规律,即返本归初。自然之水循环往复,河水日夜奔流至江海,无休时,不绝止;升为云气,降为雨露,终归于江海。老子说"万物并作,吾以观复。夫物芸芸,各复归其根。"万物从生长到衰落,落叶归根,都在无穷无尽的循环往复运动中发展变化。故文子云"天行不已,终而复始,故能长久;轮复其所转,故能致远。"水是万物之具体本原,反映了文子朴素的唯物论。道是万物变化之规律,水蕴藏着万物变化之规律,并蕴涵了丰富的辩证法思想,如反相成、物极必反、返本归初等思想。因此,圣人法道,无不以水为准则,水之性即人之性。

"以水为师"，在中国远古的治水实践中萌生的治水文化彰显了水哲学的萌芽。大禹治水，一个被一半人化、一半神化的古老传说，标志着一个最原始的哲学命题的诞生、一个新的文化形态的开始，其意义早已超脱于治水本身。"高高下下，疏川导滞，钟水丰物""予决九川距四海，浚畎浍距川"。大禹治水的成功，就哲学的层面而言是中国古代哲学思想的精华。人类若缺水，会失去生存的基础。同样的，在我们的人生道路上，我们本身扮演着至关重要的角色，因为我们每一个人都是造物主所创造出来独一无二的个体，没有其他事物能够代替我们的存在，我们如水般柔和，能应变，有冲劲，因而能冲破无数阻碍，冲破多重难关，到达更远更深的滔滔大海！

动态能力理论和水之哲学的交融互通

动态能力理论和水之哲学都有动态的、包容的、开放的、辩证性的、复杂多变、不可预测、持续性的、创新的和开拓的特征和禀性，它们是交融互通的。具体如下所述：

1. 动态能力理论追求保持企业的竞争力持续性或长久性（Sustainability），水的前行是持续的。在开放的环境里，水是永动不止的，水不断聚势、蓄势，又永动不止、滋润万物。水永远有自己的特性有自己的轨道，做自己的事。它总有自己坚持或遵循的规律和原则。无论遇到何种障碍，水总是不分昼夜，继续前行，毫不畏缩。同时，水形成的水道是千变万化的，水流的每次路径也常常不一样。企业持续发展，需要永不止步的精神。持续性要求企业平衡好短期利益与长远发展，不断培养自身的持久竞争力和积累能力，培养持续创新的精神。许多企业在创新路径上经历了从模仿到反向创新再到自主创新的过程，在品牌建设路径上经历了从OEM到ODM再到OBM的过程，从产品生产转型为品牌经营，从国内市场拓展到国际市场。在开放的环境中，这一意象揭示了企业动态能力培育的重要性。在开放而又不断变化的外部环境下，充分利用现有能力而又重视培育未来能力，这一特性提示我们在尊重规律的同时要避免经验主义，在尊重自我的同时要避免自大思想和骄傲倾向。水之流动不息、孜孜不息的特性隐含着企业自强不息、努力不懈、力行实践、永续向前的战略方向与愿景。水的这一特性也显示了过去、现在与将来的一条流动式连动纽带，对企业的建立、成长、转型、再造、再发展有深刻的启示。

2. 动态能力强调动态应对，建立和重新配置内部和外部能力以应对迅速变化的环境的能力。孔子说"逝者如斯夫，不舍昼夜""流水不腐"，这些话都突出了水的运动性或流动性。与此对照，动态能力理论阐述整合资源应对如市场、制度、竞争、客户需要，经营战略与外部环境共同演进、共同变动、共同转型（即企业经营转型与市场结构、宏观经济及社会文化的转型同步）。许多企业的灵活及扁平的组织结构、企业家导向、创新精神为这一动态性奠定了组织基础和成长基础。水的辩证性体现在其有形与无形（蒸发为云，降落为雨，凝固成冰）、有常与无常的统一（"天下万物生于有，有生于无"），灵软与强势的统一（"天下莫柔弱于水，而攻坚强者莫之能胜，以其无以易之，弱之胜强，柔之胜刚，天下莫不知，莫能行"），以及灵活性与原则性的统一。水的静动互化、捭阖互动（水的大开大合）、奇正互生（明渠暗流）、圆融通转都暗示万事万物始终处于相互联系、变化、延伸之中。水思维的辩证性还体现在灵活与规律的统一、静与动的统一、弱与强的统一、内与外的统一等。这种内在的辩证性对企业成长过程中调和及同时实现各种不同甚至矛盾的目标深具哲理。它与西方传统管理理论中强调的非黑即白的刚性思维有本质区别。水的上述辩证性也体现了东方文化背景下企业组织的阴阳或双元平衡能力（如竞争与合作、模仿与创新、关系能力与交易能力等）（Luo，2007；Luo和Rui，2009），进而帮助企业在不确定的外部环境下保持持续稳定的发展。

3. 动态能力理论强调员工快速学习的能力，冰出于水而寒于水——管理者带团队的标准及态度，同一物质因为环境的不同，产生极大的物理变化。水因为气温的临界点而结冰，说明水是顺势而为的先驱者，当我们改变不了环境的时候，可以去适应环境，直到顺应环境为止。冰出自水，但形态和密度发生了质的变化，冰比水更具杀伤力和破坏力，如若不经历那刺骨的寒冷，哪有坚若磐石的冰山，冰冻三尺非一日之寒，这种自我改变需要多大的勇气，需要多大的魄力！管理者在带领和培养团队成员的时候，要毫无保留地把自己的知识和技能彻底传授，严格训练和要求出色的成员有朝一日超越自己的成就和造诣，培养人一定要具备这样的胸怀。职场的过程是不断升华的过程，这个过程是脱胎换骨的历程，这番滋味只有经历才可体会。一名卓越的管理者必定煎熬过蜕变的痛苦，在反思中求变，变则通，通则达！

4. 动态能力，建立和重新配置内部和外部能力以应对迅速变化的环境的能力，强调灵活性或柔性（Flexibility）。水见沟填沟，遇海入海；水如婴儿般柔软，具有旺盛的生命力。柔性管理的本质是无为而治，所谓道法自然。按照道进行管理。"治大国，若烹小鲜"。在企业实力仍然弱小时，要求企业经营策略灵活多变，柔弱胜刚强。例如，珠江三角洲地区中小企业聚集的众多产业集群之所以能从与大企业的竞争中胜出，一个重要原因就在于其灵活性。这种灵活性体现在市场响应的速度，产品类型的多样性与新颖性，员工技能的多面手，设备的多种用途，灵活的生产分包与转包机制，以及竞争与合作的动态转换上。水理论的柔性特征还体现在与外部利益相关者，特别是竞争者、上游供应商、下游经销商等的和谐相处上。与他们有矛盾时，尽量减少直面冲突，先协商后法律，不因单一矛盾而损害整个伙伴关系。这与西方企业一切讲法律而经常导致交易成本高的情形有根本不同。此外，水的柔性特征突出了掌控者的主观意志与需要，即企业的战略柔性依据企业的经营需要和战略目标而定。

5. 动态能力理论强调适应性和应变性，水可冷可热，可高可低。水善迂回，由拥有或控制它的主体愿望来决定，水能适应一切，但它本身不具备自己独特的固化轨迹，故其主体或控制者与水的和谐相融很重要。水无常形，能因势随形，随圆就方。"水因地而制流，兵因敌而制胜。故兵无常势，水无常形。能因敌而制胜者，谓之神。"（《孙子兵法·虚实》）水的这一动态适应性体现了战略管理的动态能力理论精髓。

6. 动态能力理论强调开放性或包容性。海纳百川，开放包容。企业在成长中需要不断从外界吸收新资源，如技术、人力、资金等。职业经理人与创业元老之间的关系往往影响甚至决定了企业的成长命运，企业如能吸收有经验、有胆识、有智慧的人员参与管理,就能够极大地促进自身的成长。水的包容或开放性首先体现在与各种不同主体或差异环境的和平、和谐、兼容相处、张弛有度、缓急能容。这一含义体现在企业保持与内外部环境动态的情景相合(如与生态环境的和谐相处、与制度环境的规范一致、企业成长与员工成长的一致性等)。其次,水的包容或开放性意味着海纳百川的企业文化以及与此相关的经营理念及各种管理措施,强调多元相容,在差异中寻觅学习的机会。再次,水的包容开放性揭示了开放理念、开放战略、开放视野的重要性。在全球一体化、市场需求复杂多变、产品周期日益缩短的环境下,利用开放资源(如小米手机),追求开放创新,以开放补短板,对仅具有限资源的企业的成长深具现实意义。

7. 动态能力理论强调整合能力。江海之所以能为百谷王,因其广纳百川,居大而处下,开放汇源,顺自然而行。通过动态能力利用企业内外部一切可利用的资源(如技术、智力、信息、渠道、设计等),可以产生出独特的整合式竞争优势或发展路径。再具体地说,汇聚整合内外部资源与能力进行再创新、再整合,提供更多、更优功能特征或服务,用动态能力创造出新的竞争能力和竞争优势。水能流向四方,也能包覆宇内。水沿着自己的路径前行时不与障碍物直面对抗,而是绕行、环流,这显示了开放、包容、汇源的和谐境界。开放合作、各方共赢、共进成长。

（本文初刊于《清华管理评论》2018年4月，合作者：丁文星）

管理的"知识人"时代

当前大数据、商业数据分析、大众创新、维基式创新等正日益成为企业管理的重大议题。海量的数据、信息以及日益高素质的企业员工使企业管理的重点也发生了重大变化,以"知识人"的观点设计组织发展的哲学、运行体系、激励模式等显得尤为关键。

百年以来,管理学经历了三个重要发展阶段:以泰勒(Frederick Winslow Taylor)等人为代表的把员工视为"经济人"的科学管理阶段;以马斯洛(Abraham Maslow)等人为代表的把员工视为"社会人"的行为科学阶段;以及以德鲁克(Peter F. Drucker)等人为代表的把员工视为"知识人"的知识经济阶段。

泰勒首次将管理视为一门科学。他指出,建立各种明确的规定、条例、标准,使一切科学化、制度化是提高管理效能的关键,并且主张把计划职能从工人的工作内容中分离出来，由专业的计划部门去做，从事计划职能的人员被称为管理者，负责执行计划职能的人被称为劳动者。泰勒的理论在当时收到了很好的效果，但也存在局限性。首先，泰勒的思想主要解决工人的操作、现场的监督和控制问题，管理的范围比较小，内容也比较窄，基本没有涉及组织的供应、财务、销售、人事等方面。此外，虽然泰勒的理论使生产过程的管理控制合理化，但把雇员和业务都排斥在决策过程之外。法国的亨利·法约尔（Henry Fayol）、德国的马克斯·韦伯（Max Weber）等人对泰勒的管理思想进行了补充和完善。他们聚焦于组织结构和管理原则的合理化，以及管理者职责分工的合理化，奠定了古典组织理论的基础。

进入20世纪中叶，管理学向多样化发展，管理学派林立，其中最重要的是行为科学学派的产生。科学管理理论把人看作是活的机器、经济人，而行为科学学派则认为人不仅是经济人，还是社会人，影响员工生产效率的因素除了物质条件外，还有员工的工作情绪。通过行为科学研究，管理学家掌握了员工行为的规律，找出了对待员工的新方法和提高效率的新途径。行为科学的代表人物马斯洛将人的需求分为生理需求、安全需求、情感需求、尊重需求、自我实现需求五级，并认为，只有尚未满足的需求能够影响行为，而且只有排在前面的需求得到了满足，才能产生更高一级的需求,也才会显现出激励作用。

无疑,泰勒和马斯洛的管理思想在中国企业仍有巨大的挖掘和应用价值。但随着人类社会步入知识经济和信息时代,管理思想也进入了知识管理阶段。早在20世纪60年代初,彼得·德鲁克就已经提出了知识工作者和知识管理的概念。在知识社会,最基本的经济资源是知识,知识工作者将发挥越来越重要的作用,每一位知识工作者都是一位管理者。进入20世纪80年代,德鲁克提出"未来的典型企业以知识为基础,由各种各样的专家组成,这些专家根据来自同事、客户和上级的大量信息自主决策和自我管理。"

20世纪90年代中后期,日本教授野中郁次郎系统论述了隐性知识和外显知识之间的区别,为我们提供了一种利用知识创新的有效途径。他认为知识管理很重要的一个目标就是把隐性知识显性化,也就是让知识管理不仅仅是对客观信息进行简单的"加工处理",而且要发掘员工头脑中潜在的想法、直觉和灵感。野中郁次郎构建了知识创新的SECI模型:社会化(Socialization)、外部化(Externalization)、整合(Combination)以及内部化(Internalization)。

如果说野中郁次郎教授所描述的是知识在公司内部的集聚,那么知识在区域中的集聚则更为壮观。美国硅谷是全球创新最强能力的地区之一,高端人才一直是硅谷最重要的资产,为该区域的经济发展提供了最重要的驱动力。美国创新的另一极——马萨诸塞州在全球经济竞争中保持强有力的竞争力,拥有高端科学技术、工程数学人才是马萨诸塞州引领创新的关键要素和核心竞争优势。马萨诸塞州具有健全完善的教育体系,是高学历人才的集中地,同时马萨诸塞州对国际高端人才具有很强的吸引力,是国际高技术人才的首选地。这种组织聚集现象,给公司人事管理带来的巨大启示是——组织必须积极吸引更高智慧的人才,同时积极与外部海量的高端人才保持密切的连接。

在"知识人"视野下,企业管理的哲学、风格、制度等应做更大的转变。首先,减少"控制"思想,倡导"支持与关爱"模式。工业经济时代所创立的管理学体系十分强调控制,但是控制就意味着自上而下的、强制性的管理。知识型员工具有更高的素质,良好的自我管理能力,严格的控制显得多余。同时,严格控制会阻塞知识型员工的创造力。在工业化世界里,工作方法和程序是由专家定义的,而且一旦定义,就不允许改变。不管员工有多大创造力,展露天赋的机会都被大大缩减。今天,管理者应该更多地考虑关心、激励员工,创造适合的环境和条件,开发和利用员工的潜质和创造力,使其实现自身的尊严和价值,进而帮助和引导员工实现自我管理。其次,积极鼓励创新创业的文化。企业应积极鼓励员工以新想法、新产品、新技术、新商业模式，从无到有开创新事业。这种文化精神还蕴藏着另一个重要理念——无论成功或失败皆有再挑战的精神。积极开展企业的创新活动、鼓励内部创业，是新时代企业管理的重心。

（本文初刊于《管理学家：实践版》，2013年第11期）

开放创新下的人力资源管理创新

人力资源是企业管理的核心部分，而创新需要更科学合理的人力资源管理。面向企业创新，传统的人力资源管理的逻辑和方法应有比较大的变革。传统的劳动力遵循传统的工作规则，强调执行力为主，现在更需要强调创造力。在如何激发员工的创造力方面，科学选拔有创造力的员工是未来企业管理的重点。因为一个人最重要的能力不是执行力，而是创造力，执行力比较强的工作将来会被机器取代，这是非常明显的趋势。

发展的形态要从规模生产走向按需定制；从独立发展走向开放协同；从客户为先转向用户为本；从员工在册走向自由"创客"；从人工制造走向自动智能。这些发展的趋势是未来非常重要的战略变革方向。

当前技术变化的速度，让企业在发展过程中不可能在所有技术领域都趋于领先，任何技术力量雄厚的企业都不可能拥有创新所需要的全部资源和技术，成功企业必须与外部大量协同,这是非常重要的战略决策。所以,成功的企业必须强调开放创新,即不完全采用内部人员做开发,而必须与外部组织开展有效的合作创新。完全由内部人员完成开发,从知识方面而言会产生很多惰性。正如中国古语所说的"成也萧何,败也萧何",最终极难获得企业在商业上的成功。创新必须引进外部资源,开放是必然的。除了研发工作外部化,公司的知识产权也应外部化,而且必须市场化,即公司应有知识产权收入。

宝洁的开放创新实践——研发经费未上升,研发成功率大大提升

在这个模式中,企业大量的技术由外部完成,由受过科技教育的人协助完成,中文称之为"创客"。"创客"才拥有真正的工匠精神。我们对工匠精神的解读是不完整的,过去对工匠精神的解读主要是"劳模",就是做事情认真专业。当然,这个认真专业也非常重要,但现在美国人所追寻的"创客"是愿意开发新产品的人。在这一点上,美国的工匠精神和日本的工匠精神的内涵不一样,在一家企业中,我们希望这两种工匠精神并存。

美国的研究发现,大公司做不了真正突破性的创新,真正的创新是由外部的中小企业或者有创造力的个人完成的。所以开放创新的优点就是,可以减少公司的研发成

本。开放创新对公司来说还有另外一个好处,可以将公司内部员工的创意卖出去,获取收益,这是企业内部知识资产的外在化。在这种模式下,知识产权的交易就变得非常重要,以后交易的不是货物,而是知识和人才,这是非常重要的交易方式的转变。

开放创新做得比较成功的案例是宝洁公司。宝洁采用的"联发C&D"(联系与开发)创新模式,就是与世界各地的组织合作,向全球搜寻技术创新来源,实现创新想法来自与公司外部的连接,现在,宝洁超过50%的创新来自外部,就是说,宝洁一半的研发都外包给全球各地的组织或个人。相信自己的东西,不相信别人,这是非常危险的。俗话说"高手在民间",创新必须利用外部的资源。

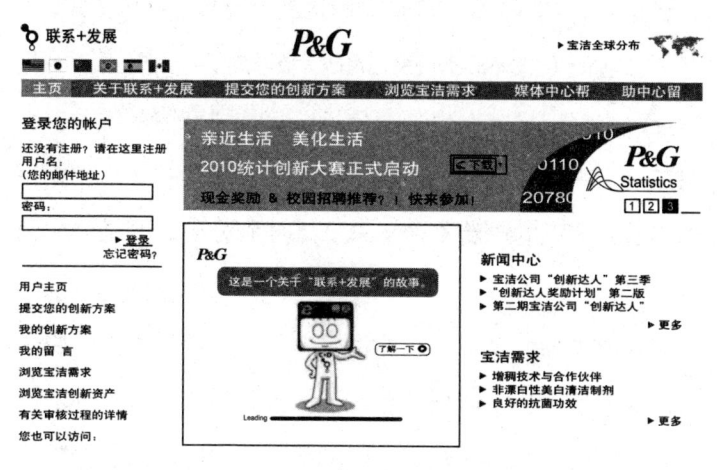

宝洁的"联发"模式

宝洁的平台,就是把一些需求在网上公开展示,进行外包,同时在平台上将自己的技术卖出去——这个平台可以浏览宝洁的创新资产。这样的开放创新平台,不仅可以为自己的企业提供服务,也可以作为服务平台体系,为产业界提供公共服务。由此平台,宝洁的战略定位发生转变,它不仅仅是一家单纯的化妆品公司,也可以成为专门提供人力资源服务的公司。这样一个开放式创新平台的打造,可以改变企业的生态。

采用这种开放创新模式,宝洁的研发占销售额的比例从2000年的4.9%,下降到2009年的2.6%,但研发成功率从2000年的35%,上升到2009年的65%。在研发经费没有上升的情况下,成功率大幅度提升,这就是开放创新的力量。

外包的方式不仅使公司的研发效率提高,更重要的是使企业的组织模式发生了变化。以前是"官僚"体系,现在变成了平台化或者分布化体系,更时髦的叫法为创新生态体系。知识的创造不是从总部延伸到分部,而是合作开放,同步进行。

开放创新使企业的结构发生变化,变成碎片化、原子化,或者量子化,这种分布式创新管理模式非常重要。宝洁在采用这种创新模式之后,内部员工中研发人员的数量保持在9300人左右,但全球同时有200万的人在为宝洁做创新。就是说,宝洁有一万名的研发人员是真实的,是在册的，但是有200万的研发人员是虚拟的，是在线的。宝洁的管理模式非常具有引领效果，未来就是要把公司内部构成做小，把外部资源做大，这就是典型的轻资产模式。

研发创新的中国实践——海尔、美的成为领先家电企业

宝洁的管理模式有非常重要的学习意义，海尔也在采用这个模式。海尔集团一句经典的广告语是：世界是我的研发实验室。海尔很重视整个集团的发展战略，张瑞敏先生在2007年看了一本名为《维基经济学》（*Wikinomics*）的书，它缘于维基百科的发展奇迹。维基百科不是由少数传统权威来完成的，而是由大量的网民共同创造的，其关键词是共同创新，由680万网民编撰。这是通过互联网实现知识的大规模协同创造的奇迹。维基经济学的产生过程实际上已经预见了"互联网+"和群体创造以及共享经济的形成。维基百科是免费的、共同开发的，其生产模式具有非常意义。张瑞敏认为企业发展要成功，必须更快地接入互联网思维。海尔在以下方面做出变革：

1. 规模生产转向按需定制。传统企业不知道需求是有变化的，且需要仔细研究，不能盲目生产。过去的生产计划没有考虑到需求变化，最后造成产能过剩。"十三五"

为什么要强化新常态，强调供给侧结构性改革？很重要的原因就是传统企业没有进行战略预见，造成产能过剩。未来经济发展无论是制造业、服务业，还是农业，慢慢都要实现从规模生产走向按需生产。这个也是工业4.0的核心，根据客户需求制造，而非盲目制造。2012年，海尔就运用网络化策略，即"互联网+"，提供按需制造、按需设计、按需配送的个性体验。按需生产，避免了盲目生产，可以减轻、减少企业产业发展中产能过剩的大瓶颈。

2. 把客户当成用户。客户是被动消费产品的人，而用户在整个商业体系中是活跃者、参与者，也是贡献者。用户不是简单接受产品，也需共同创造。用户要提出新的需求，在商品经济中是主人翁，是积极的参与者。重视用户是企业未来发展中的重点。

3. 在册到在线。很多企业规模太大，要承担太多的人力成本，管理效率比较低。不管是中国企业还是国际企业，大企业都会存在官僚主义盛行和组织效率低下的问题，所以企业发展过程中必须进行组织变革，做人员的调整，让组织变得比较灵活和精干，慢慢减少人员规模，这个过程很重要。但减少不是让员工完全脱离生产、离开公司，而是离开公司之后去创业，创业之后，再和公司进行有效合作。它并不是传统意义上的裁员，而是让员工去做一个更好的发展平台。

新一代的员工，特别是知识型员工，需要自主创造、自主独立权，并不是完全以挣工资为目的。这种类型的员工希望成为公司的CEO或者负责人，企业应该允许员工有这样的设想。张瑞敏非常前瞻性地预测到这一趋势，让员工从在册走向在线，员工数量从8万左右降到6万，预计未来会从6万再减到4万。实际上这些减少的员工并没有离开海尔，而是和海尔一起创业，海尔已有3000个小微团队在创业。

在线，就是通过互联网将内部创业和外部创业结合在一起，企业从封闭式组织模式变成开放性的共享经济为主导的新的发展模式，增长潜力远远超过其他企业，这是非常厉害的一个表征。

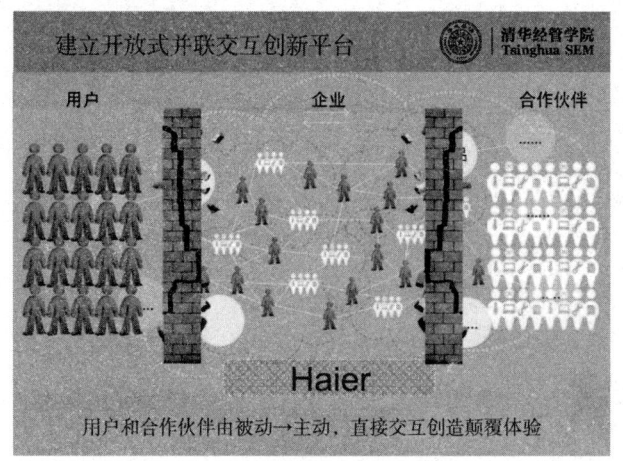

推倒用户和合作伙伴间的墙
（海尔开放式创新并联交互创新平台）

海尔的互联网工具是HOPE，这是海尔在传统的www.haier.com的基础上形成的海尔旗下独立的开放式创新服务平台。HOPE平台是一个创新者聚集的生态社区，一个全球范围的庞大资源网络，也是一个支持产品创新的一站式服务平台。目前，平台已经整合了全球的研究资源、大企业资源、中小型创业公司以及很多中小团队。海尔已经在全球范围内整合了200万以上的人帮助创新，其员工规模不应该是在册的6万人，而应该是在线的206万人，其知识资源呈指数型增长，且每天都在上升。

海尔通过网络可以解决很多技术难题。我们知道原来家电行业是中国比较落后的行业，甚至是没有希望的行业，但是，最近中国的家电行业的复兴非常迅速，海尔的销售额在2017年达到了2400亿人民币，利润上升了20%，并且拥有众多的革命性产品，极大颠覆了人们对整个家电行业的认识。现在，中国的家电行业终于有了自己的管理思想，有了自己的品牌产品。

可以说，中国产业的第一张名片是中国建筑，第二张名片是中国高铁，第三张名片是中国家电。同样的，家电行业里，美的采用的也是开放创新模式。美的在短短的10年内，从传统的家电企业变成世界排名前三的家电企业。去年，美的销售额也达到了2400亿的规模。可以看到，采用开放创新模式的海尔和美的已变成领先的家电企业。

开放创新促进零工经济的发展

随着开放式创新和互联网技术的快速发展，全球市场涌现了大批直接连接客户和服务提供商的新型企业。这些新的科技公司运用互联网技术动态匹配顾客（问题发布方）和提供解决方案的个体或团体，建立能够让供需双方直接对接的在线平台。由于互联网技术的动态平衡能力非常强，算法日趋成熟，自由职业者大量涌现，这种新的商业模式就是我们所说的零工经济。

利用这些平台，企业可以找到更有创意、更有灵活性的研究者，科研工作者或者创新者可以非常便捷地帮助有需求的企业进行创新。目前，零工经济在第三产业中已经展现出巨大的商业潜力，如在城市交通、家庭用餐服务、电器维修、旅行、私人教练、家庭辅导、洗衣服务、家政服务等行业中。未来，还将在高科技领域展现出巨大潜力，我们相信，零工经济是新兴的经济类型。

零工经济给人力资源管理带来的冲击在于，由于零工经济实现了人力资源共享，使人力资源的匹配效果比传统的劳动力市场高得多，使人力资源的开发和利用不拘泥于企业内部，而是逐步向外部渗透，显现出外部化特征。今后，人力资源的工作重点更多的是去管理公司的外部人力资源，因为外部的人力资源可能达到几百万。这对企业的人力资源管理提出更大的挑战,就是如何利用好外部专家。

海尔和美的在这一模块都做得比较成功,实现了内部人才和外部人才的同步更新,内部走向高端化,外部走向虚拟化和灵活化。对中国企业而言,如何在零工经济时代,利用新的技术和开放创新的思想,去更多地打破企业的边界,用新兴的平台整合外部的专家资源,最后实现人力资源的变革,这个过程非常重要。

零工经济带来人力资源管理变革

在这个过程中,人力资源管理理论也发生了变革。人性需求的发展带来了管理思想的变革,就是从传统的"经济人"到"社会人"再到"复杂人",现在是"知识人"。知识人很重要的一点是,拥有更高的思想觉悟和更好的知识能力。对知识人的管理不应该是非常严格的管控,而是要给予工作的自由、一定的空间,让其拥有自由的工作时间,这样他们才能更好地服务于工作。在未来,放松对员工的管控,增加对员工知识能力的提升,增加员工工作的自由性和灵活性非常重要。特别是对90后和00后的年轻一代,他们有很高的智力能力,希望自我管理而不是被动管理,所以自我管理会愈加重要。

传统员工是为了生计赚钱,为了生计赚钱的人不可能做创新，真正的创新是为了实现自我价值。有意义的工作才能产生有意义的创新，真正的创新是自我驱动的，是因为内在的荣誉感和内在的爱心驱动，这也符合国内企业家的认同：只有追求自我实现的员工才能搞好创新。

开放式创新对人力资源的管理方式也提出比较大的挑战。现在，人力资源管理的重要话题就是要忘记KPI（关键绩效指标），KPI对员工管制太强，不利于创新。下一步，企业对内部人力资源管理的重点是给予员工自由度的同时，给予其更多的成长机会，当然工作的成就感也非常重要，然后再考虑金钱，金钱不是最重要的。

总体来说，开放式创新给人力资源管理带来的影响包括：组织边界日益模糊化，传统的组织职能进一步弱化，强调各组织和部门之间的资源整合和职能互补；企业需要员工与客户跨界，即员工也是客户，鼓励员工从客户的角度了解和开发产品，促进员工与产品的联系，同时，客户也是员工，通过对产品忠实用户的关怀，企业可以有效满足客户的个性化需求；此外，企业为了更好、更快地应对外部市场的变化和需求，更需要跨越传统组织边界与外界和社会进行交换；同时，通过垂直、水平、内部、外部边界的跨界，可以更好地建设开放、共享、平等、协作的平台。

零工经济的人力资源挑战

零工经济对人力资源的挑战表现在：第一，由于工作的不确定性大大提高，造成人力资源管理的难度加大。因为岗位不断调整，需要内部的人力资源的职业方向规划不断调整。第二，内部员工的忠诚度下降，这种情况下，如何保持员工的忠诚度是人力资源管理需要考虑的问题。

得益于开放式创新理念，知识工作者的素质和能力增强，零工经济的趋势不能避免。人力资源的管理由过去的仅仅进行内部管理逐步拓展到对外部优秀人力资源的挖掘、开发和管理。在这种发展形势下，下一步如何进行人力资源的改革和发展，来适应企业在新形势下的人力资源管理的变革非常重要。

希望中国企业家能赢在零工经济，利用零工经济的趋势改变企业经营模式，利用零工经济实现企业的价值创造。

（本文整理自笔者于2018年6月8日在"开放创新、零工经济与未来人力资源管理"主题论坛中的主旨发言）

企业技术创新管理研究三大热点

中国的技术创新管理已经达到了相当的水准，是当今管理学研究中能够与国外学者对话的研究领域之一。在今后的研究与实践中，中国的技术创新管理应该关注以下的研究方向。

加强突破性创新管理的研究

近年来突破性技术和非连续性创新(Disruptive Technologies and Discontinuous Innovations)成为技术创新管理研究的前沿和热点。技术创新将更加关注一类新的创新——突破性创新。突破性创新(Radical Innovation)或排斥型技术(Disruptive Technology)的不断涌现，成为推动经济增长和增加就业岗位的重要手段。突破性创新可以取代以前成功企业使用的技术，给人们带来更便宜、简便的产品和周到的服务,突破性创新技术在"毁灭"其他行业的主流经济基础时,为全新的行业打下基础。具有潜在突破性的科学,如信息科学、纳米科学、生物科学等,将以前所未有的方式,在一种前所未有的环境中发现和满足人类的需求。

突破性创新具有以下3个主要特征:①一系列全新的性能特征;②已知性能特征提高5倍或5倍以上;③产品成本大幅度削减(成本削减30%或30%以上)。哈佛商学院的克莱顿·克里斯滕森教授(Clayton M. Christensen)所著的《创新者的窘境》(*The Innovator's Dilemma*)和《创新者的解答》(*The Innovator's Solution: Creating and Sustaining Successful Growth*)以及理查德·里福教授的《突破性创新》等代表性著作对此做了探索性的研究。他们的主要观点是,突破性创新管理的基本特征是长期性(10年左右);不断探索新技术;专注于新的业务;高度的不确定性,整个创新过程的不可预测因素很多,正规的流程管理没有意义。突破性创新建立在一整套不同的科学技术原理之上,它常常能开启新的市场和潜在的应用,突破性创新经常会给现存的企业带来巨大的难题,企业的组织能力难以创新,而调整企业的组织能力又成本昂贵。但突破性创新会迫使它们不断提出新的问题,并不断利用新的技术成果和商业策略以寻求解决问题的新途径,突破性创新常常是新企业成功进入市场的基础,并有可能导致整个产业的重新洗牌。

历史上,晶体管的出现几乎击溃了所有的电子管生产企业,而当时电子管生产企业正孜孜不倦地致力于渐进性创新;日本石英钟技术的发展给瑞士的钟表业以致命的打击,而这种技术恰恰是当年从瑞士流出的,而优秀的瑞士科技人员和企业家却精益求精地进行着自己的渐进性创新以提高机械表的性能。这些教训说明,渐进性创新可以保持优势,但是,它很容易被突破性创新的漩涡吞噬。统计表明,美国的技术创新78%为首创型或技术突破型,这是美国持续经济繁荣的主要动力。

中国近年来经济增长迅速,科技也取得较大发展,但是现有的技术创新绝大多数是基于技术引进或模仿创新,突破性创新极少,这对我国的持续竞争力提出了极大的挑战。为了适应下一代基于科学与知识的竞争,中国的技术创新应尽快从单纯引进、模仿先进国家的科学与技术,转向建立自主创新能力,与此同时,必须超前地研究如何更快地加强突破型技术创新的管理研究。

加强基于均衡文化的创新管理

创新需要鼓励突破与不连续。在一个高度不确定的市场上,步步推进的创新将演变成一种企业员工的随机表演和顾客的"全面即时体验",这样做的好处是为企业与顾客同时创造一个新市场,实现知识向应用化的即时转换。但是在实施创新的后续阶段,则需要略微稳健的企业组织结构与营运流程。为此,企业要征服制度化领域和创造性领域,使两者达到一种完美的平衡。制度化领域指企业结构化的、规范化的、受控制的和受评估的行为,它是一种约束机制,将员工圈在安全地带,不要做出危害企业的事来;创造性领域则包括自发的、创造性的、动态的和实验性的活动,它是一种鼓励机制,为员工搭设舞台,让他们在上面尽情展示各自的才华。这两个领域水乳交融就能孕育出刚柔兼备的创新组织。因此,在儒家文化与庄子思想的基础上如何形成创新的均衡之"道",在东方综合系统的价值理念与西方变革为首的创业精神中如何形成"中间之路",从而营造一种创造性与纪律性并重的文化,培育一类感性与理性俱佳的人才,实现创造性、纪律性、感性、理性结成的"创新菱形佳境",是创新管理的重要研究方向。

加强基于复杂理论的创新管理研究

究竟是依赖突破性的管理模式,还是均衡的文化来维系创新,对此的解答依照传统的管理理论难以完成。唐斯

（Downs）和莫尔（Mohr）认为创新过程是最复杂的组织现象之一，并且单一的创新理论无法胜任，因为这将导致实证上的不稳定性和理论上的混乱。许多学者对复杂性理论在创新管理中的应用进行了有益探索。布朗（Brown）和艾森哈特（Eisenhardt）所著的《边缘竞争：战略的结构性混沌》(*Competing on the Edge: Strategy as Structure Chaos*) 是对复杂性原理在创新管理中进行的深入研究。其核心原理是"混沌边际"学说。混沌边际是介于刚性结构与混沌状态之间的一种组织结构状态，这一状态下组织的适应能力最强，竞争状态下的组织由于发展变化而可能向这种状态回归。詹森（Janszen）认为，创新过程是一个复杂的非线性过程。其非线性表现如下：①大量的正向、加强的或反向、平衡的反馈环；②市场到产品生产过程的时滞；③制度、经济、技术方面的锁定效应。詹森进一步指出，创新过程的非线性特点表现在：①路径依赖性，即开始阶段的任何一个小事件都将影响事件发展的结果，对当前孤立事件的研究并不能决定事件的最终结果；②发展进化，即两个或以上因素相互影响共同进步的结果；③共同发展；④自组织。

复杂性理论为创新的均衡与突破、创新要素的动态协同研究提供了新的视角和方法论指导。复杂性理论的重要启示是，创新过程是一个复杂自适应系统，各创新要素(如技术、战略、市场、文化、组织、制度等)间的相互作用是复杂的、非线性的作用，各要素间竞争和协同的过程也是共同进化的过程。影响技术创新绩效的各关键要素可以看成是决定创新系统走向有序(创新绩效提高)的序参量，研究各序参量间如何通过自身涨落，以及竞争和协同所产生的涨落使系统走向有序，对于丰富和发展创新管理理论和指导企业的创新实践都有着重要的意义。

技术创新管理是当今管理科学新兴的综合性交叉学科，对中国的经济增长和企业的国际竞争力具有很远的影响，只有从全面创新、战略综合、复杂动态的高度，才能提升技术创新管理的研究深度与广度，真正地跨越科学研究到其商品化的"达尔文"鸿沟。

（本文改写自《企业技术创新管理：国内外研究现状与展望》，原载《管理学报》，合作者：郑刚）

企业国际化与中国文化海外传播

中国的发展面临"从经济大国向经济强国转型""从科技创新发展大国向科技经济强国转型"这两个转型的具体要求，中国企业要能够加快国际化步伐，通过"企业发展战略转型"和"企业发展模式转型"，实现物质文明和精神文明的协调发展，从而实现崭新的文明发展。

企业首先要关注从面向本土的产品和服务，转变为向全世界提供新的产品和服务，即实现跨国经营，这是中国企业新的目标、新的意义，是彰显我们作为未来经济强国的重要实力。

全球化有很多动因，如需要更多的国际市场，或者更廉价的自然资源等，还有就是降低生产制造成本、分散资源风险。实际上，要实现党中央提出"一带一路"的倡议，中国企业全球化的动因有以下方向。

首先，要从"输出中国的产品和服务"转变为"输出中国的技术",这一点非常重要,也是中国走向国际化的新要求。很多中国企业已经成功地实现了这一转型,具体的案例就是我国的高铁。我国高铁引进时是时速200千米,无论是德国、加拿大还是法国,其高铁时速也只有200千米,而中国高铁依靠党和政府的支持,通过有效整合,加上科技创新,已在速度方面取得全世界领先优势。我们预测在未来几年内,高铁时速将达到800千米,从引进时的200千米时速,到实现600千米到800千米的高速铁路的输出,实际上就是中国取得的巨大经验。100年前中国输出的是华人劳工,这是中华民族的屈辱史,100年后我们输出的是中国现代化的高铁技术,这是中华民族的光荣史。高铁彰显中华民族强大的经济实力与科技实力,体现了社会主义制度的优越性——能够集中力量办大事,实现规模性的有组织的创新能力,未来高铁的发展会进一步成为中国的名片。

其次,就是输出中国优秀的文化。作为历史悠久的文化大国,中国提出了"以人为本""爱人贵民"的思想。"以人为本"应该是中国古代思想,特别是中国古代管理思想中的精粹想。"以人为本"也是儒家文化的核心。通过中国企业国际化这一过程,中华民族优秀传统文化能够被表达出来、传播出来。当然,在这一过程中也要进一步宣传中华民族优秀文化中新的发展元素。改革开放以后,中国企业以及民营企业也形成了非常先进的商业文化,对优秀传统文化进行了有益的补充和发展，并与之相互兼容。因此，中国企业国际化过程中，我们应弘扬中华民族优秀文化的传统精髓和新特点。

我国的国有企业实际上保持和承载了中华文化中非常好的因素，我们要将国有企业的相关技术和企业文化推广到国际上。例如，以航天人为代表的航天精神，包括艰苦奋斗的精神、勇于攻坚的精神、开拓创新的精神、无私奉献的精神。航天人把中国的优秀文化和科技文化做到了极致。大量的研究认为，中国企业管理中，航天企业的文化是最先进、最具有代表性的，是对中华文化自强不息精神的最好的表达。此外，还有核工业精神。核工业制造企业提出了"事业高于一切，责任重于一切，严细融入一切，进取成就一切"的核工业精神，精细、严格、严谨，对世界负责任，非常有价值。中航国际不仅重视其经济的发展，还注重对环境的保护，对可持续发展的贡献。有社会责任感，绿色和平发展，是中航思想的指导规则。国家电网在发展过程中体现了四个服务：服务党和国家工作大局；服务经济社会发展；服务发电企业；服务电力企业。这些企业文化值得宣传和发扬。此外，中国建设银行也体现出了非常高端的服务理念，在现有几大银行体系里，建行不仅完成了其经济发展的目标，也很好地实现了社会发展的目的。

此外，民营企业发展也非常快。例如，海尔集团在发展中吸收了儒家文化的优点。海尔在山东——儒家文化的主要发源地，其企业文化以儒家文化为主，管理模式也借鉴儒家思想，这对于整个企业的稳定性有很大的作用。同时，海尔吸收了道家文化的优点，借鉴道家"无为而为"的思想，充分发挥员工的创造力。道家文化的精神与互联网精神十分相似，这也解释了阿里巴巴的成功因素，因为马云也是道家文化的追随者。海尔的优势就是把儒家文化优点与道家文化优点相结合，传统工业优势与互联网优势相结合。所以，海尔在企业全球化的过程中，应将海尔企业文化的创新思想推广到全世界。

总之，时代的发展对中国企业提出新的要求和标准。中国经济进入新常态，而我国产业结构要走向中高端。这个中高端，不仅指技术结构，思想也要走向中高端。一方面，应鼓励中国的企业向海外输出中国的产品和服务，也就是真正践行"一带一路"的倡议；另一方面，为了实现中国科技创新的目标，输出技术是未来对企业的新要求，而超越商业和科技，输出中华民族优秀文化是中国企业国际化的新的最高使命，提升中华民族优秀文化的先进思想在全世界的传播，是中国企业的发展新要求。

（本文整理于笔者 2016 年在"中国文化网络传播"高峰论坛上的主旨发言）

管理的本质

科学管理之父泰勒（Taylor）认为："管理就是确切地知道你要别人去干什么，并使他用最好的方法去干。"西蒙（Simon）认为："管理即制订决策。"当代管理学大师经验主义学派人物德鲁克认为："管理就是界定企业的使命，并激励和组织人力资源去实现这个使命。界定使命是企业家的任务，而激励与组织人力资源是领导力的范畴，二者的结合就是管理。"他认为管理是一种实践，其本质不在于"知"而在于"行"；其验证不在于逻辑，而在于成果；其唯一权威就是成就。德鲁克称"管理"为一门"综合艺术"，"综合"是因为管理涉及基本原理、自我认知、智慧和领导力；"艺术"是因为管理是实践和应用。明茨伯格（Mintzberg）认为管理的本质不是整人，更不是把人当机器来控制，也不是把人当羊群来驱赶（所谓的领导力），而是尊重、平等、信任、合作和分享。从管理哲学角度而言,管理是指一定管理主体对管理活动进行组织、协调,以优化运用相关资源,在特定时空范围内实现一定价值目标的社会化活动。管理的本质要揭示的是管理活动过程中比较深刻、相对稳定的并具有内在联系的属性和特征,它与管理现象相对应。

美国普林斯顿大学的司托克斯(E. Stokes)1997年提出科学研究的二维象限模型(见下图),考虑基本认识和应用两个维度,形成了四个基本象限。Ⅰ象限定为波尔象限,为纯基础研究,是由科学家的自由探索推进的,不受实际应用的引导。Ⅱ象限包含既寻求扩展认识的边界,又受到应用目的影响的基础研究,被称为巴斯德现象。巴斯德同时投入认识和应用研究,清楚地表达了这两个目标的集合。Ⅲ象限也被称为爱迪生象限,包含只由应用目的引起的研究,不寻求对某一科学领域现象的全面认识。尽管人们把狭隘的目标放在眼前的应用研究上,但属于这一类的大量研究是极为复杂的。Ⅳ象限包含既不是认识目的激发的研究,也不是应用目的激发的研究。这种研究可能由研究人员对某种事物的好奇心驱使,如皮特森对昆虫标本和发病率的高度系统化的研究,由此将这个单元称为皮特森象限。

		追求应用	
		否	是
追求基本认识	是	I 波尔象限 纯基础研究	II 巴斯德象限
	否	IV 皮特森象限 技能训练与经验整理	III 爱迪生象限 纯应用研究

科学研究的象限模型

司托克斯考虑基本认识和应用两个维度构建了四个象限，有利于将不同性质的研究和学科做出分类，但并没有将管理学纳入象限模型。事实上，管理作为一门学科，同工学、农学、临床医学学科一样，既追求基本认识，同时也注重实际应用和实践，是理论与应用相结合的学科，属于巴斯德象限的学科范畴（见下图）。花旗集团前CEO约翰·里德（John Read）认为管理实务应该受到基础研究和基础知识的塑造，基础研究（但要以跨学科的方式）有一个很重要的功能：提供一个框架，帮助管理实践者理解所处理的具体问题的背景和内容。而企业主要关注爱迪生象限应用性研究成果，随着竞争的加剧和产品半衰期的缩短，企业需要及时关注所在行业的最新技术动态和技术前沿，并不断创新才能保持相对竞争优势。

		追求应用	
		否	是
追求基本认识	是	I 波尔象限 (理学等基础学科)	II 巴斯德象限 (工科、农学、管理学、临床医学等应用学科)
	否	IV 皮特森象限	III 爱迪生象限 企业

不同学科在象限模型的位置

管理学是一门多分支的学科体系。按照不同的研究对象，管理学细分为很多分支学科，如宏观管理、管理科学、工商管理等。不同的分支学科在基础认识和应用两个维度上偏重不一，但是都强调理论和应用的结合（见下图）。宏观管理是指国家在全社会范围内进行的，对人力资源的计划、组织、控制，目的在于调整和改善人力资源状况适应生产力发展的要求，促进社会经济的良性运行和健康发展。宏观管理要求政策执行者以及管理者对经济运行、管理思想原理等基础知识有很好的认识，并且能够在实践管理过程中灵活运用这些基础知识。管理科学是应用数学、统计学和运筹学中的原理和方法，建立数学模型和进行计算机仿真，给管理决策提供科学依据的学科。管理科学的核心问题是借助于管理信息系统，通过建立数学模型和计算机仿真,优化管理决策,以提高经济效益和社会效益。工商管理是研究工商企业经济管理基本理论和一般方法的学科,主要包括企业的经营战略制订和内部行为管理两个方面。工商管理专业的应用性很强,它的目标是依据管理学、经济学的基本理论,通过运用现代管理的方法和手段来进行有效的企业管理和经营决策,保证企业的生存和发展。

		追求应用	
		否	是
追求基本认识	是	I 波尔象限 理学等基础学科	管理科学　工商管理 宏观管理
	否	IV 皮特森象限	III 爱迪生象限 企业

管理学不同的分支学科在象限模型中的位置

广义的工商管理包含的领域很多,主要包括财务管理、会计学、战略管理、人力资源管理、营销管理、创新与创业等。这些分支领域同样强调理论探索和实践应用的结合,属于科学象限模型的巴斯德象限(见下图)。财务管理和会计学都强调理论与应用的结合,将理论知识直接应用于实践,提高管理效率。在1955年以前,会计学长期停滞在借贷的平衡及会计准则的运用，而财务金融学停留在银行手续的传授。1955年，Menon H·Miller和Franco Modigliani共同发表了MM理论，革命性地改变了公司理财的理论及实践，将公司理财从一个松散的工作程序及规则，改变为股东寻求最大股本价值的精细巧妙的法则。战略管理、人力资源管理、营销管理也都涉及将管理理论应用于实践活动，基础理论主要有波特的钻石模型，马斯洛的需求层次理论、赫兹伯格的激励—保健双因素理论、斯金纳的强化理论等。对这些基础理论的认识和追求是为了将之更好地应用在管理实践当中。创新与创业都是将知识转化为财富的过程，创新是将远见、知识和冒险精神转化为财富的过程，重点是将知识转化为金钱的过程。创业则强调通过创新、变化，把握机会和承担风险而创造价值。创业者需要具有一定的管理知识，同时还需要具有很高的认知能力以及运用知识创造价值的能力。

		追求应用	
		否	是
追求基本认识	是	I 波尔象限 理学等基础学科	财务管理　会计学 战略、人力资源、营销 创新与创业
	否	IV 皮特森象限	III 爱迪生象限 企业

工商管理不同分支领域在象限模型中的位置

通过以上分析，可以得出，管理学是经验知识和学术知识的集合。管理学是理论与应用相结合的学科，属于巴斯德象限的学科范畴。管理学的分支学科如管理科学与工程、工商管理、宏观管理，尽管对理论和应用维度两方面偏重不一样，但是同样也强调基础认识和实践应用结合，它们都属于巴斯德象限。

三元一统——管理、领导和服务的整合

在全球经济加速一体化，科学、技术迅速发展，市场需求不断变化中，企业领导者传统管理、领导和单纯的服务方式已不能适应激烈市场竞争的需要。成功的企业管理，不仅要求领导队伍具有较强的现代科学管理理论知识，而且还要求领导者具有较高的个人技能、技术技能和经营管理技能，以及对企业的发展目标、战略、方向等的分析、判断、识别、决策和创新的能力。而这些能力的最终体现在于领导者是否能准确有效地把握公司中管理、领导和服务的比重和程度，并以此来达成企业目标。

20世纪的西方，企业基于生存和发展的需要，谋求利润最大化的利益追求迫使其在生产过程中不断改进技术，并提高管理水平，管理的作用及重要性逐渐被认同并进一步被考证和研究，科学管理的思想、理论和方法应运而生，并形成一门独立的学科——现代管理科学。现代管理科学出现后，科学化的管理被大量运用于实践，生产管理领域发生重大变革。与此同时，人们开始注意到领导、服务和管理并非一回事，社会化的大生产使得决策和执行纵向分工，进而引发了领导、服务与管理的分离。领导学、服务学作为独立的学科从此被人们所接受。

21世纪，相较于全球化范围的不断扩大的持续上升生产率、信息复杂性的日益增加、环境意识的逐步增强和技术创新的速度的大幅提升，管理就像一只行动迟缓的蜗牛。当那些20世纪60年代出生的CEO们，惊叹于实时供应链的灵活性、全天候的服务能力之时，也不能不对"管理机制的滞后"所带来的种种阻碍感到焦灼。管理在现代管理的后期达到最高峰，而后现代管理的衰弱是我们不得不承认的事实。

21世纪的最大特点就是技术、社会、政治、经济和商业状况处在持续多变的环境之中。我们的时代既充满着惶恐和焦虑，也充满着机遇和希望。企业要适应这种持续多变的环境并得以生存和发展，就要在组织中拥有正确的领导力，从而能够把企业引向健康发展之路。企业所面对环境的复杂多变性，对领导者提出了更高的要求，尤其是工商业领导和管理者。它要求在企业中发挥领导作用的人必须是发展成熟的人，而且对自己、雇员、公司以及更广泛的系统的良好行为负责。

因为技术的发展，个人和组织获取的信息千差万别，常常导致"信息不对称"现象的发生，进而阻碍领导力的发挥。21世纪的领导者在很大程度上必须依靠复杂的知识和革新能力，这些知识和革新能力来自组织内部和组织外部的各方面。现在的工人具有知识，这使他们变得可以像企业家那样思考，并且倾向于从工作单位以外寻找更合适的领导方式，如果他们当前的管理者无法提供这样的领导，情况就会变得糟糕。

领导的作用在于形成组织所要追求的新的目标，激发组织中的雇员最大程度地发挥潜能。领导必须一直保持竞争力，拥有能在某种程度上改变经营方向的知识，但这种知识并不总是来自高层。这种领导向组织的各个层次开放，对于组织的生存是必要的。

来自管理者方面的领导一直是企业所需要的。来自管理者方面的领导应是那种追求发展变化即追求新的方向，或者说革新以将组织引向新的市场，又追求对现有事物进行改革，以提高质量、效率和服务水平等的领导。

服务制胜的时代已经到来。生产力迅猛发展的一个结果，是产业结构调整的加速和第三产业的兴起。目前，欧美发达国家的职工中，50%以上在第三产业工作。第三产业的特点是一般没有物质产品，其主要产品是服务。服务质量的竞争，是第三产业竞争的主要形式。即使在第二产业，工业产品的市场竞争，焦点也越来越转移到服务上来。随着人们消费水平的提高和消费观念的变化，服务质量已成为产品质量的重要组成部分。在产品的规格、品种、性能、价格不相上下的情况下，对用户提供的售前服务、售中服务和售后服务的质量，就往往成为成败的关键因素。

按古典管理—现代管理—后现代管理的时期序列给出管理、领导和服务的发展趋势曲线：

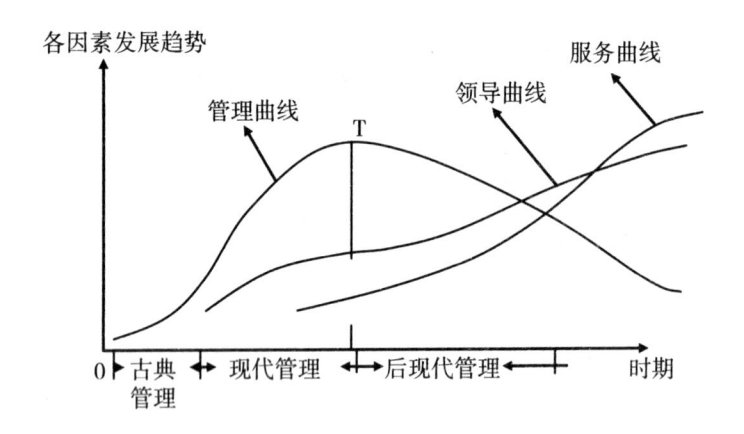

管理、领导和服务发展趋势图

超越现代性,构建后现代性

20世纪80年代,后现代管理思潮首先在美国兴起,进而迅速风靡西方,并向全世界蔓延,成为当今西方管理学界盛行的一种综合性的管理思潮。"后现代(Post Modern)""后现代主义(Post Modernism)"和"后现代管理"(Post Modern Management)成为各国管理学界的热门论题。该思潮认为企业管理的演进正进入一个新的发展阶段——后现代管理阶段。那么,什么是后现代管理呢?后现代管理产生的背景是什么样的呢?后现代管理的主要特征是什么呢?

广义地说,"现代性"与"后现代性"是两种不同的思潮,一定程度上反映了社会的发展和变化趋势。"现代性"与"后现代性"分别对应现代社会与后现代社会。与现代企业是现代时期企业的主导模式一样,后现代企业也是后现代时期企业的主导模式。在人类社会全面迈向后现代社会的今天，后现代企业与后现代管理的诞生不得不说是一种必然。后现代管理是企业管理演进的一个新阶段，是指导企业适应剧烈的外部环境变化的一种新的管理思潮。

托马斯·彼得斯 (Thomas J. Peters) 的人本管理思想无疑是后现代管理的先驱。托马斯·彼得斯是美国久负盛名的管理学大师，他的管理思想中的人本管理理念基本上可以概括为两个方面：一是人受到"二重性"的驱动，他既要作为集体的一员，又要突出自己；他既要成为一支获胜队伍中的可靠成员，又要通过不平凡的努力成为队伍中的明星。二是只要人们认为某项事业从某种意义上来说是伟大的，那么他们就会心甘情愿地为此吃苦耐劳。彼得斯的人本管理思想大量地应用了心理学和组织行为学的研究成果，以寻求调动人的潜力与创造性。

在彼得斯看来：一是所有的人都是以自我为中心的，会对来自他人的赞扬感到快慰，普遍趋于认为自己是优胜者；二是人是环境的奴隶；三是人迫切需要活得有意义，对于这种意义的实现愿意做出极大的牺牲；四是人们通常将成功看成是由自身因素决定的，而把失败归于体制，以便自己从中开脱出来；五是大多数人在寻求安全感时，好像特别乐于服从权威，而另一些人在利用他人向自身提供有意义的生活时，又特别乐于行使权力。

在彼得斯看来，优秀的企业为人们提供了出人头地的机会，但又将这一机会和一种具有超越意义的哲学和信念体系结合在一起。彼得斯对人性的认识进行了总结，他认为：人们需要有意义的生活，需要一定的控制，需要受到鼓励和表扬。人们的行动和行为在一定程度上形成态度和信念，而非态度和信念形成行动和行为。

人类进入后现代社会时面临着世界发展的新图景：信息革命、经济全球化、知识经济等，这一切都比以往更全面、更深刻、更迅速地改变着世界和人类自身。为适应这一新的现实，管理的内容在变革，管理的理念在更新，管理的基本假设即对于人类本质的认识也在深化。

事实上，新的人性假设来自德国哲学家恩斯特·卡西尔 (Ernst Cassirer)。卡西尔指出，除了在一切生物种属中都可以看到的感受器系统和效应器系统以外，在人那里还可以发现存在于这两个系统之间的第三个系统——符号系统 (Symbol System)。这个新的获得物改变了整个人类的生活。有了它，人类就不再生活在一个单纯的物理宇宙之中，而是生活在一个符号宇宙之中。这一符号宇宙即为人类社会的各种文化现象，包括语言、神话宗教、艺术和科学等。用卡西尔自己的话来说，符号是"人的本性之提示"，文化则是"人的本性之依据"。

人的"劳作(Work)"是人性的基础。通过劳作，人类创造了文化，同时也塑造了自己作为"文化人"的本质。

卡西尔指出："正是这种劳作，正是这种人类活动的体系，规定和划定了'人性'的圆周。语言、神话、宗教、艺术、科学、历史都是这个圆的组成部分和各个扇面。"卡西尔强调，作为一个整体的人类文化，可以被称为人类不断自我解放的历程。语言、艺术、宗教、科学是这一历程中的不同阶段。在所有这些阶段中，人性有一个逐步展示的过程，"理性的动物""社会的动物"乃至"经济人""社会人""复杂的社会人"等，都是人性展示的不同方面。这些不同的人性面，构成了人类的共同本质——文化人。

后现代管理理论的学者对人性问题的研究是围绕着"文化人"这一命题(Proposition)展开的。在他们看来，将社会学、心理学和文化人类学引入管理学之中，无疑推动了管理理论的发展。对于组织难以预测的进化过程，实质上也是员工个人不断地自我完善的过程，仅仅用"经济人""社会人"和"复杂的社会人"的观点来解释并不全面。后现代管理理论更关注西方社会现代化以后的弊端，它认为，在一定意义上，现代社会不是解放人的社会，而是压抑人的社会，这种压抑既是制度的，也是社会的。

例如，现代社会的消费观使个人越来越重视占有，"人"的质的规定性不是由"人"的自然属性决定的，而是由人所占有的对象来决定的，即"人"是由人所占有的物品所体现出来的人。"人"的自我感觉和心理状态取决于人对物的占有状况和社会对这些占有物的评价。在这个意义上，现代社会结构之中的人不是"真正的人"，而是社会结构的附属品，其存在的方式是权利。现代社会中的个人还被工业化文明的成果所压迫，人成为管理制度的创造物，是被现代文明的产品所异化而存在的。在后现代社会，管理原则、管理艺术、管理制度的游戏规则已经完全不同于从前，知识变成一种"权力话语"(A Powerful Discourse)。

在后现代社会，人的分工程度、社会流动性变得极高，知识变成一种"权力话语"。这既激发出巨大的社会、组织和个人的潜能，同时又可能因高度分工所形成的分化、高度社会流动性和知识话语权力的重新分布所造成的组织的不稳定，而造成个人异化感的增强和组织内部的动荡，进而引发严重的社会与组织问题。后现代管理的理论家们在这里实质上是回归到了古典社会科学大师们力图解决的一个难题上：在传统社会关系结构产生重大变革乃至消亡、而个人享有高度自由的时代里，个体与总体之间的关系应该如何把握。

"人本管理"登上舞台

"以人为本"是许多有识管理学者信奉的大道，是一代代有为企业家追求的极境。早在科学管理时代，就有大量人事管理的记载，只不过人是为完成"事"而存在的，对人的关注与对机器的关注并无二致。行为科学是人性不满屈从机器附庸地位的一次反抗，是人呼唤主体性的自觉。对职工社会和心理需求的多方面探究，不仅拓宽了人们对企业中人性的认识，也在实践中一定程度地改善了职工的境遇。但是，只有知识经济，才最终有可能使"以人为本"真正从抽象的口号和理念走向具体的制度安排；从小规模零星尝试演化为普遍的管理实践。因为只有知识经济才能为人本管理奠定必不可少的现实基础。

首先，知识在经济增长中的压倒性作用凸现了人力资源的空前重要性。对知识的强调和人才的重视，当然不是始于知识经济，但是，进入工业化晚期，特别是知识经济出现以后，知识才成为经济增长的主导因素，载负知识的人力资源由此获得推动经济增长"第一生产力"的地位。"人的知识、能力、健康等人力资本的提高对经济增长的贡献远比物质、劳动力数量的增加重要得多。"

其次，人力资本自身的特殊性，要求管理方式发生"革命性"变革。管理好人力资源的前提是把握好人力资源的特殊性。人力资本有依附性，是"活"的资本，虽然人力资本的投资者可以包括社会、企业和其他团体、个人等，但每个人力资本承载者都是其体内人力资本的"天然"投资者，无论由谁进行投资，都至少需要人力资本承载者本人付出一定的体力、精力和时间，或者放弃某些收入和机会。由于人力资本这种特殊性，使其与人力资本其他所有者之间必然存在着矛盾，由此带来人力资源开发、利用、配制、流动以及保障等方面的一系列新问题，从而要求着管理制度的创新和管理制度的变革。同时，"人力资本是存在于人身上的技能和生产知识的存量"，它具有增值性，也就是讲，某一特定时段，依附于特定个人的人力资本，其智力、体力和技能不是一成不变的，可以通过接受教育和职业培训而与时俱进。

此外，人力资本的动态性也很明显，作为血肉之躯的人，包括其创造力在内的智能的稳定性，在很大程度上不仅受到人力资本承载者个人的意志、情绪与行为的影响，更受到诸多外部环境变量的影响。

正是人力资源的这三重特殊性及其对管理的特殊规定性的要求，以人为本的管理方式终于在西方企业界由星星之火渐成燎原之势。

首先，关于人力资源的激励理论发生了深刻变化。相对传统西方企业中流行的单一绩效报酬制度，当代西方企业报酬制度的建设有了很大的发展，表现为报酬类型的丰富化、报酬制度的多样化、报酬更加注重群体的激励和长期激励等特点。西方一些学者提出，在指导思想上对拥有核心知识的职工必须区别对待，给予特殊待遇；应根据个人对企业的增值能力来付薪而不是工作责任的大小；应让雇员享有更多的财富分配等。其中，期权激励理论最有影响。该理论主张，要从以资本为中心，资本雇佣劳动，股东占有企业的传统模式，逐渐转变为以知识为中心，知识统帅资本，股东和职工共同拥有企业的模式。这样，通过人力资本作为一种投入获取企业的股权，使知识劳动者成为企业的所有者。知识所有者与资本拥有者共同拥有企业。恰如舒尔茨（Schultz）在《人力资本投资》(Human Capital Investment and Urban Competitiveness)一书中指出的："劳动者成为资本拥有者不是由于公司股票的所有权扩散到民间，而是由于劳动者掌握了具有经济价值的知识和技能。这种知识和技能在很大程度上是投资的结果，它们和其他人力投资结合在一起是造成技术先进国家生产优势的重要原因。"

人力资源成为人力资本的现实，颠覆了"谁出资谁拥有产权"这个产权制度上的重要法则。因为人力资本既然是一种资本，那么资本的经济收益就不应只是工资，资本的报酬应该是产权的收益。因此，既然承认人力资本是一种资本就应当承认它应拥有产权。目前，国际上人力资本在企业中所拥有的产权数量，已经达到了企业总产权数量的38%左右。这标志着主客体对立这一管理学最大的难题正在解决之中。

其次，关于人力资源开发的理论有了深化。针对传统企业管理中的应用型培训，即组织只是对员工的技能进行培训，重在授予企业所需的一技之长。现代人力资源管理理论反对这种做法，提出了许多体现知识经济要求的新观点，如生涯管理、"工作生活质量运动"和人力资源战略等理论，其中以生涯管理尤有影响。该理论认为，只注重眼前的短期培训，不利于建立员工与企业命运共同体的感觉，企业要着眼长远，通过提供有针对性的职业生涯信息和升迁机会等方式，帮助员工规划好未来，不仅适应当前的工作，而且为未来的变革做好充分的准备。把工作活动与人生幸福结合起来，使员工感到自己工作和生活意义的重大，感到现实的工作与自己的职业理想有着紧密的联系，进而提高员工的工作满意感和价值感。生涯设计在西方企业界风靡一时，为许多战略思维超前的公司所采用。总之，无论是管理理论还是管理实践，都不再把人本管理工作作为一句口号，而是一个实实在在的行动。

这些年来，企业界中的"人本管理"不但在国外流行，在国内也经常可闻可见。但是多数人都将"人本管理"停留在一个较浅层次的认识上，这就是没有理解"人本管理"的真正内涵，没能懂得"人本管理"其实是一种新的管理理念，是一项重大突破。为了理解什么是真正的"人本管理"，我们先看一个真正做到了"人本管理"的公司——惠普——是怎么做的。

惠普公司以其出色的"人本管理"闻名于世，持之以恒地奉行"以人为本"的管理之道。惠普公司对员工尊重和信任的最突出表现，是灵活的上班时间。根据惠普公司的做法，个人可以上午很早来上班，或是上午9点来上班，然后在干完了规定的工时后离去。这样做是为了让员工能按自己个人生活需要来调整工作时间，体现了对员工的充分信任。

"开放实验室备用品库"也清楚地表明了公司对员工的信任。实验室备用品库就是存放电气和机械零件的地方。开放政策就是说，工程师们不但在工作中可以随意取用，而且在实际上还鼓励他们拿回自己家里去供个人使用。惠普公司的想法是，不管工程师们拿这些设备所做的事是不是跟他们手头从事的工作项目有关，反正他们无论是在工作岗位上还是在家里摆弄这些玩意，总能学到一点东西，公司因而加强了对革新的赞助。据说这一政策起源于惠普的一个创始人比尔·休莱特先生。有一回，他在周末到一家分厂去视察，看到实验室备用品库的门上了锁，他马上到修理组拿来一柄螺栓切割剪，把备用品库门上的锁剪断、扔掉。星期一早上，人们见到他留下的纸条："请勿再锁此门。谢谢，比尔。"于是这一政策措施就一直延续至今。

容忍个人的不同需要是"惠普之道"以人为本的另一个要素。例如，许多公司规定，雇员一旦离开公司，他们将没有资格得到重新雇用。多年来，惠普也有一些人因为其他地方似乎有更大的机会而离去。但是，惠普始终认为，只要他们没有为一家直接的竞争对手工作，只要他们有良好的工作表现，就欢迎他们回来。因为他们了解公司，不需要再培训，而且通常由于有了这种额外的经历而有着更愉快、更好的动机。公司的一名高级行政人员就曾因为认为他有更大的机会而离开了惠普公司，后来他回来时公司重新接受了他，而且他被委以越来越多的管理职责，直至退休。

惠普公司有这样一个用人政策：我们为你提供一个

永久的工作，只要你表现良好，我们就雇佣你。公司不能"用人时就雇佣，不用人时就辞退"。这是一项很有胆识的决策。1970年经济危机来临时，惠普公司销售收入骤减，惠普的这一决策受到了严峻的考验，但是他们没有裁员一个人，而是全体员工，包括公司高层在内，一律减薪20%，减少工作时数20%。结果，惠普公司保证了全员就业。

"惠普之道"是卓越的经营管理和以人为本的管理方式的完美结合，为惠普带来了业绩和声誉的双丰收。惠普的企业文化注重人的因素，并且完全从员工的角度出发制订公司的规章制度、管理方式，这是它成功的关键。

惠普"人本管理"的成功是建立在完整认识"人本管理"的基础上的。完整理解"人本管理"有两个要点。一是掌握人性的实质。人生活的意义在于不断地实现心中的目标，并不断形成新的目标。人工作的意义也正在于不断形成和实现心中的目标，从而不断促进自我的发展。二是把握什么是"人本"。"人本主义"是针对"资本主义"提出的。早期的企业都是以资本为中心建立起来的，资本积累和扩大再生产是企业谋取更多的剩余价值的最主要手段。因此，这一时期的管理是以"资"为"本"的。然而随着资本主义生产方式的进步，尤其是20世纪50年代以后，人对企业生产率的贡献越来越大，从而将企业中的人提升到一种比物力资本更为重要的地位上来。于是"人本主义"就逐渐地取代了"资本主义"在企业中所占的主导地位,"以人为本"的管理方式也就应运而生。现代企业人本管理的核心是:对企业中的人应当视为人本身来看待,而不仅仅是将他们看作一种生产要素或资源。因此,人本管理在本质上是以促进人自身自由、全面发展为根本目的的管理理念与管理模式。著名管理学家陈怡安教授把人本管理提炼为三句话:点亮人性的光辉;回归生命的价值;共创繁荣和幸福。

第三代管理学的兴起

管理理论的代际演变并非一蹴而就、断裂式发展，新一代的管理范式的出现并不是对旧有范式的彻底颠覆和抛弃，而是在原有管理理论基础上的不断丰富、发展和创新的过程。各个阶段的管理理论在同一时期、同一文化情境可能并存和相互影响，同一时期的管理学流派也存在多维、多元并存的局面。管理理论的发展演变为日趋多元化、跨文化的管理实践和管理情境提供了基于不同假设和不同边界条件的多元化选择，这也是管理学这一经世致用之学顺应时代变革，承担社会使命和促进社会进步的体现。

作为管理学的先驱，弗里德里克·泰勒于1911年发表的《科学管理原理》（*The Principles of Scientific Management*），通过动作分析和时间研究，准确地把握了工厂管理现场的操作规律，首次将"科学管理"的概念引入管理过程，促使管理由早期漫长的经验管理阶段迈向科学管理阶段，为科学管理理论奠定了坚实的基础，科学管理"是管理学发展史上一个里程碑式的理论，具有划时代的意义。"

此后，法约尔（Fayol）、甘特（Gantt）、韦伯（Weber）、孔茨（Koontz）、戴明（Deming）、罗宾斯（Robbins）等一大批管理学者将科学管理系统化，引领了第一代管理学的发展，促进了组织效率的大幅提升，促进了人类文明，特别是促进了物质产品和物质文明的极大进步。特别是进入20世纪以来，管理学受到了更为普遍的重视。以"经济人为假设前提"和"运营效率为先导"的传统管理学思维体系，是第一代管理学的主要特征。

然而，由于第一代管理学以"经济人"为假设前提，以提高运营效率为核心导向，无视"情感逻辑"（维尔弗雷德·帕累托语）而陷入"忽略人性的管理"范畴，第一代管理学面临极大的挑战，遭遇了管理控制成本的增加和劳资关系冲突等一系列挑战，企业和行政管理者不得不思考从更广阔的领域汲取灵感。

梅奥在著名的霍桑实验中发现了非正式组织的存在，创立了人际关系学，并提出了"社会人"的概念，由此管理理论进入了"社会人"时代。以梅奥、马斯洛、赫兹伯格、弗洛姆为代表的社会心理学家，和以沙因为代表的企业文化学家推动了社会学、心理学研究成果在管理学中的应用，特别关注人和组织的行为、动机与需求，从而使管理这项伟大的人类发明逐步充满人性，管理学步入第二代的发展轨道，它深刻地影响了组织的管理哲学和管理模式。以组织行为学大师斯蒂夫·罗宾斯等著名学者为代表人物构建了管理学体系，为管理知识体系的完善做出了杰出的贡献，为全世界的各类组织管理提供了重要的指导，促成了一批从卓越走向优秀的全球知名企业和其他组织的诞生与发展。

然而，两代经典的管理学体系都是工业经济时代的产物，其主要目的是提升企业（尤其是工业企业）的运营效率和质量，并关注降低成本。因此，它们都是效率导向、崇尚资源、强调控制，其根本不足是忽视创新，漠视知识与核心能力，缺乏勇气、自由、责任、关爱等人类美德，因此，没有促进更多的知识与善良兼优的"精神人"组织。随着人类社会从工业经济时代迈向知识经济时代，知识与创新成为组织获得持续竞争优势和动态能力的主要来源。

与工业经济时代相比，当今与未来世界发展中，关爱和仁慈成为先进组织的特征，需要给予组织成员足够的学习与成长、自由与创新的空间。无论是以效率、成本为导向还是以人际沟通为基础的管理学体系，在知识经济和美德社会时代都显得很不适用。管理学大师彼得·德鲁克在1985年出版的《创新与企业家精神》（*Innovation and*

Entrepreneurship Practice and Principles）一书中强调经济发展模式已经由"管理的经济"转变为"创新的经济",并在1999年出版的《21世纪的管理挑战》（*Management Challenges for the 21st Century*）中正式提出了"知识工作者"这一概念,指出知识工作者是新的"知本家",而管理者所面对的工作对象也不再是一般意义上的员工,而是知识工作者。"知识人"的兴起以及20世纪90年代以来互联网和信息技术发展导致的自由职业家和创业家的大量出现,使得组织管理必须高度关注"知识人"的成长与发展,从而推动了管理学从现代管理向后现代管理的范式跃迁,以"知识人"的观点设计组织发展的哲学、运行体系、激励模式等显得尤为关键。随着以互联、合作、开放、共享为特征的管理模式逐渐成熟,管理学的第三代范式也逐渐形成。

聚焦知识与创新的后现代管理逐渐在知识经济时代扮演更为重要的角色。西方学者提出的开放式创新、创新生态系统等概念和理论快速发展,企业对知识的编码、吸收、转化和应用能力,以及通过知识管理和创新管理"赋能"员工创新,强化自主创新实力,打造自身的核心能力和动态能力变得愈加重要。

随着以信息产业为代表的全球高新技术产业的迅速发展。云计算、物联网、超级计算机、社交网络、下一代移动通信等的出现，改变了组织营运的方式。同时，全球化使得组织发展面临更大的不确定性、更多的机会和更大的挑战。而从工业经济向知识经济的转变，也使企业的社会责任变得尤为重要。当今商业，不仅希望各类组织造就更多美好的产品和服务体系并获得利润，更要求所有组织关注克服贫困、战乱、疾病和灾害，积极参与世界和平的建设。一个成功组织的愿景与实践，是积极参与人类命运共同体的建设。

近年来，中国积极关注与发展面向知识经济和信息革命的管理模式，也高度重视人类命运共同体的建设和成为全球领袖的愿景，因此由中国学者完成的第三代管理学的建构应运而生。这种新范式的管理学理论的普及，定会促成更广泛意义上的管理学科学共体的形成，进而颠覆现有所有落后的第一、二代管理学理论，使管理这一学科高举知识、创新和人文精神的旗帜，摆脱工具主义的窠臼，发挥其通识的功能，最终真正有效建设有意义的各类组织。

迈向第四代管理学

后现代管理学在多元范式并存和发展过程中，日益面临三个重要的张力和挑战——一是随着管理学合法化运动的蓬勃发展和实证主义的日益强化，管理理论研究的方法和手段变得越来越复杂，愈发忽视对管理实践中所产生的现实问题的研究，管理理论与实践脱节、缺少管理哲学引领的张力日益凸显；二是全球化发展中面临日益严重的环境和社会治理问题，新一代科技革命带来的伦理冲击进一步引发了对企业管理和国家治理范式的思考，经济效率与社会责任和可持续发展之间的张力也日益凸显；三是以中国为代表的新兴市场的快速发展冲击和重构旧的世界格局，以往西方企业为主导的企业管理模式和理论范式与中国情境、中国制度环境以及企业和产业生命周期的差异愈发明显，西方管理理论与中国管理情境的张力、多元管理范式之间的冲突也将管理学推到了一个新的十字路口。

对此，西方管理学者和主流期刊多次呼吁引入中国、印度等东方国家的哲学智慧——如道家的自然主义、阴阳平衡、无为而治思想，儒家的有教无类、和谐思想，佛教的中观哲学，法家的战略思维等——和新兴经济体的管理实践经验，推动东西方管理学对话，回应全球化转型面临的挑战和难题，推动管理学的创新发展。同时，中国管理学者也在"管理学在中国""中国管理理论""本土管理"等话题的广泛争鸣、反思与探索中取得了长足的进展。

管理理论发展方面，我们通过范式变革的视角，认识到时代转型和科学范式变革交互推动了管理学从古典管理到现代管理再到后现代管理的两次跃迁。以科学管理为代表的西方管理模式在中国改革开放40年历程中起到了不可估量的贡献，但是现有的三大"张力"——实证主义工具理性与管理实践之间的张力、经济效率与社会责任之间的张力、西方理论与新兴经济治理的张力，呼唤管理学者借鉴东方智慧和人文精神，借助新兴科技带来的机遇，实现科学主义与人本主义、科技与哲学的整合——"整合与创新"，已经成为当下和未来中国管理学发展和世界管理学范式变革的新方向。与此同时，新科技革命、认知科学进展和中国特色社会主义管理实践，正推动着管理学向中国哲学智慧引领的第四代管理学范式——整合管理——转型，这一最新范式最大的特征是以中国哲学智慧为代表的东方哲学引领管理学由以往的工具主义理性主导范式向人本主义价值理性主导范式转型。这一新的管理学范式侧重整体观和系统观，聚焦三个"整合"——科技与哲学整合、东西方文化整合、规范管理与创新管理整合，旨在推动人的全面发展和全球包容性增长。

随着全球化的深入发展以及创新的全球化，超越单一文化维度、单一经济发展理念，利用人工智能和生物技术等新科技提高人类认知、健康与生物智能的同时，强调人和社会的全面可持续发展以及幸福感提升——新智人——这一新的价值理性，是新时代管理学理论新的价值立足点。

一方面，云计算、物联网、人工智能、区块链、生物技术等新一代技术革命的快速深度推进，带来了第二次认知革命，人与AI的深度融合趋势日益明显，使得人类正在或即将把工作和决策权越来越多地交给机器和算法来完成，基因编辑等技术突破也将极大地延长人类的平均寿命，重塑工作形态、生活形态乃至社会结构，将人类推进人机交互、增强智能和有机更新的"新智人"时代。

另一方面，管理科学化、技术/平台中立化等思想与负责任的管理、科技伦理、环境保护之间的张力愈发凸显，如何让技术创新和管理系统更好地服务于人的价值实现和人与自然可持续发展，成为管理学者必须面对的新问题。由于过于偏重科学性和思辨性，西方的不少管理理论严重缺乏哲理性和思想性,这也导致这些理论的生命力不强,在实践界影响力较低。而强调价值理性引领工具理性,科学与哲学、艺术融合,经济发展和人与自然和谐的管理哲学思想,恰恰是中国哲学与东方智慧所一以贯之提倡和推行的。这一基于整体观、系统观以及和谐观的哲学思想和西方近年来认知科学发展所提倡的"全脑思维"等管理理念相得益彰,符合东西管理文化融合的"人本、人德、人为、人和、人道"的趋势,体现了中国哲学对中国管理学"承袭思维"的突破和引领管理创新的"致用"价值,也彰显了汲取哲学,尤其是中国哲学智慧推动新一代管理学理论建设的潜在理论意义和重要的社会价值。例如,中国哲学中的整体观和系统思想对中国现代化建设和重大技术突破起到了重要的引领作用。中国科学院白春礼院士在《科学谋划和加快建设世界科技强国》一文中也明确指出:"整体谋划,集中力量办大事始终是我国独特的制度优势,'两弹一星'、载人航天工程和超级计算机、量子通信等领域的成功充分证明了这一点。"

在第四代管理学范式过程中,以往基于牛顿经典力学科学范式和行为控制的线性、原子型管理思想,也将让位于使命引领和内生驱动的量子力学科学范式以及非线性、动态性和整合性管理思想。"融合发展趋势下的中国哲学思想引领西方管理科学范式"日益成为全球创新发展和中国特色社会主义新时代的管理理论创新的主要特征，既与东西方管理学日益共同强调的系统论思想相呼应，也是中国管理学界践行中国文化自信、助推文化复兴和中国管理学提升理论自信，走出困境、走向世界，进而形成东西方共同认同的新理论的重要途径。

习近平同志提出的"构建人类命运共同体，共创和平、安宁、繁荣、开放、美丽的亚洲和世界"的倡议，也呼唤基于中国哲学智慧的新型发展与管理理论。中国的经济管理学者肩负着解读"中国模式"，总结升华"中国经验"的转型使命，助力和引领中国建设面向未来的科技创新强国，决胜全面小康社会，加快人类命运共同体建设与全球可持续发展，推动管理学向基于中国哲学智慧的第四代管理学范式——整合管理——转型。这一最新范式侧重整体观和系统观，聚焦科技与哲学融合、东西方文化融合、规范管理与创新管理融合，旨在推动人的全面发展。

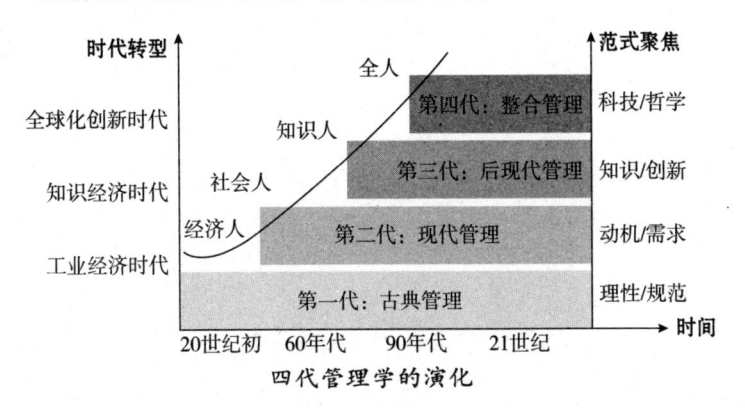

四代管理学的演化

第四代管理学范式的兴起,对发展管理理论、完善中国管理理论体系、提升文化自信具有重要理论价值,也对新兴科技治理、企业创新能力提升、创新型国家建设和全球化跨文化管理实践有重大现实意义,将会极大地推动人的全面发展和人类命运共同体建设,实现世界和平与可持续发展。

战略管理的新框架

杰出的理论源于伟大的时代。在工业经济向知识经济转型的当今世界,企业间竞争的焦点早已从"劳务与产品"转到"技术与专利",再到"标准与品牌",并最终指向"思想与文化"。时代的转型不仅仅是偶发性突破技术的结果,更是哲学思潮、文化发展、科技进步与制度变迁等因素共同作用下的产物。

由于战略管理理论体系与学术共同体认知的"刚性",旧有范式依然主导着企业战略管理的实践。时代变革对企业管理实践创新的推力与战略管理理论固有体系之间的"张力"不断积聚,全新的战略管理理论框架呼之欲出,一幅战略管理框架的演进图逐渐明晰起来(见下图),企业战略管理不再是环境论、竞争论、资源观统治下的静态范式,而是向着更加动态性、整合式与系统化方式演进,东方传统战略智慧的宝贵思想也必将被纳入其中。时代的进步与转型为企业战略管理理论体系的发展划定了新的"边疆",新的情境孕育了新的管理实践,进而勾画出新的战略管理理论框架。

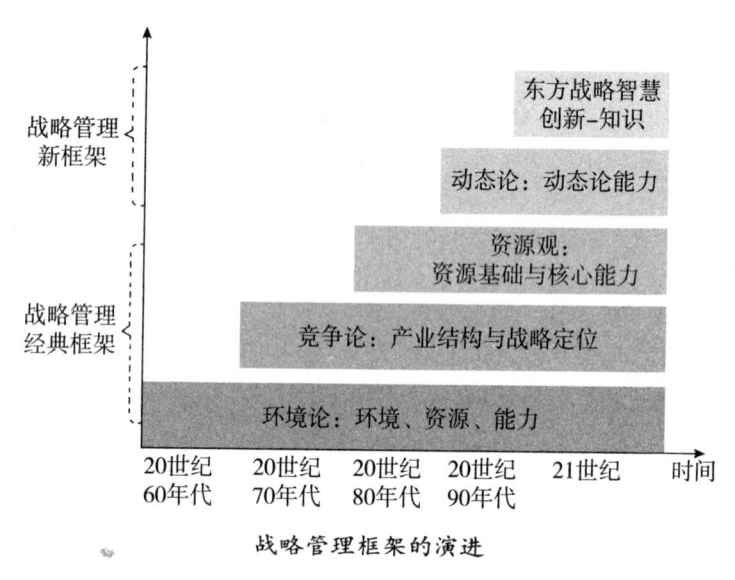

战略管理框架的演进:

战略管理新框架:
- 东方战略智慧 创新-知识
- 动态论:动态论能力

战略管理经典框架:
- 资源观:资源基础与核心能力
- 竞争论:产业结构与战略定位
- 环境论:环境、资源、能力

时间轴:20世纪60年代、20世纪70年代、20世纪80年代、20世纪90年代、21世纪

战略管理框架的演进

战略管理是工商管理学科重要的研究领域,其具有全局性、长远性和综合性的特点。然而,从总体来看,现有的战略管理框架依然无法跳脱SWOT分析的旧有框架,从整体上依附波特(Porter)的竞争战略以及巴尼(Barney)等静态的资源基础观框架,其不足是忽视变革时代动态市场的颠覆性作用,缺乏对知识管理和创新管理的系统性考量,对数字科技时代的新竞争优势讨论不足,对"范式迭代"下的社会发展的长期趋势缺乏回应,将源自东方的战

略思想和战略智慧排除在体系之外。

　　战略管理经典框架的两个主要流派分别专注于外部环境与内部资源，采用以行业分析为基础的竞争分析框架与以企业特异性为基础的资源分析框架，建立了互不相容的庞大体系。伴随着知识经济社会的转型与发展，高速变化的外部环境使得单一导向的战略管理框架难以满足需求，以动态观为引领，连接企业内外部因素的动态能力框架得以建立。然而，动态观框架固然有其先进性，但近十年来人类科技的爆炸式发展使得"动态市场"的内涵发生了根本变化，环境的变化已经从单纯的"速度提升"转为"范式迭代"，专注于"当下"而忽略企业"未来"持续竞争优势的获得以及永续发展的旧有动态框架已不能满足企业实践与学术研究的需求，战略管理的全新框架亟待建立。

　　要以动态能力为出发点，以东方战略思维与战略智慧的整体论思想为指引，统筹创新管理与知识管理的战略内涵，建立新时代内外兼顾、长短期均衡、东西方融合的全新的竞争优势观与战略管理的全新框架（见下图）。

　　战略管理的新框架，不仅包含经典框架中的核心能力（Core Competence）、动态能力（Dynamic Capability）等内容，更涵盖动态市场下形成企业全新竞争资源，影响企业动态能力发展，塑造企业持续竞争优势的创新战略与知识战略内容，并在东方传统战略思想的整体论、伦理观、时空观引领下实现对环境变化与人类发展"大趋势"的把握,帮助企业实现变革引领和持续发展。

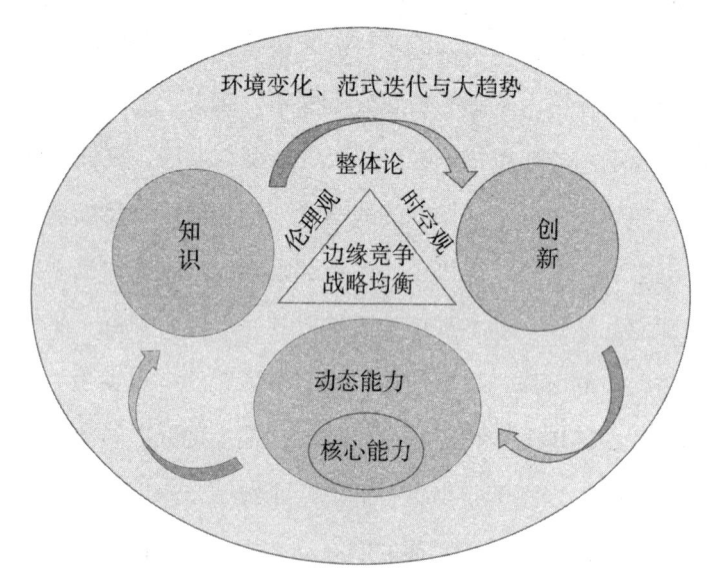

战略管理的新框架

动态论视角:从静态资源到动态能力的视域转换

基于波特"产业结构分析"的竞争论与基于巴尼"企业特征"的资源基础观分别强调了公司外部(External)环境与内部(Internal)资源对战略的影响,但战略管理领域仍缺乏一个完整的框架将上述理论视角进行综合。大卫·蒂斯(David Teece)等于1997年发表的文章《动态能力与战略管理》(*Dynamic Capabilities and Strategic Management*)中提出了动态能力(Dynamic Capability)

概念与战略管理分析框架。蒂斯认为,所谓动态能力,指企业所具备的集聚、组合、调配、使用资源以及根据环境变化重新集聚、再次组合、反复调配资源的独特能力。需要注意的是,动态能力强调企业运用内部资源创造与捕捉市场机会以适应外部环境的能力,也即资源的价值需要依赖企业对资源的运用(市场定位、资源配置)能力得以实现。动态能力视角旨在将以往分离的内部SW与外部OT研究进行连接。艾森哈特(Eisenhardt)与马丁(Martin)对蒂斯等的观点进行批判式发展,认为基于"能力"的定义仍然存在"同义反复"问题,动态能力应当是企业利用资源的"过程",是一系列可识别的组织惯例(Routines)的组合,其并不具备那么高的公司特异性,不同企业之间的动态能力在一定边界内可以存在共性,尽管如此,动态能力无疑是战略管理最有价值的理论框架。

创新战略与边缘竞争:动态视角下企业竞争优势的持续获得

在动态市场中,企业持续竞争优势的获得需要依靠创新与边缘竞争战略。从更深的层次上看,蒂斯以及艾森哈特等坚持的"动态市场中不存在企业持续竞争优势"的论断可以追溯到资源基础观(RBV),其根本逻辑是基于不同租金(Rent)形式所对应的企业可持续盈利能力。皮特瑞夫（Peteraf）认为资源在企业间的异质性分布可以为企业带来李嘉图租金（Ricardian Rent），从而获得持续竞争优势。而当环境处于高速变化与高度不确定性状态时，李嘉图租金在熊彼特冲击之下极易消散，且能够产生李嘉图租金的优势资源又是十分稀缺的，无法轻易获得，因此企业无法获得持续的租金收益。不仅如此，艾森哈特与马丁认为动态能力在企业间存在共性且具有替代性，因此不能成为企业持续竞争优势的基础。

然而，若从创新战略的角度看，企业在动态视角下的可持续竞争优势便可以获得。应当认识到，动态能力所强调的对资源的整合与重构，所体现的正是企业创新过程的核心，其本质是在说明创新活动对于改变竞争格局的重要作用。因此可以说，动态能力的提出是对熊彼特（Schumpeter）创新范式的回归与继承。从创新管理的视角上看，创新活动可以带来熊彼特租金（Schumpeterian Rents）。尽管在动态市场中创新将逐渐被模仿，但创新资源的稀缺性是相对的，即优秀的企业可以通过不断地探索和永无止境地拼搏向上，来持续获得新的创新资源，赢得并保持竞争优势。需要说明的是，尽管在"过程观"定义下的动态能力具有企业间共性，但其本质上指企业间可识别的"组织惯例"存在共性，而并非创新活动所产生的创新资源之间存在共性，创新资源的根本属性就是"差异性"。

此外，布莱姆（Brown）与艾森哈特提出的边缘竞争（Competing on the Edge）是指导企业在高速变化的不可预知环境中持续革新以不断获得竞争优势的理论。边缘竞争理论强调企业对市场变革的管理能力，认为普通的企业回应变革、优秀的企业预测变革、卓越的企业引领变革。边缘竞争战略是变化市场中企业创新战略的重要表现，依靠在企业固定结构与松散结构之间的最佳平衡，以及制订半固定的战略方向来获得灵活性，进而把握时机并控制节奏以实现战略均衡。

因此，在战略管理的全新框架下，企业应将创新管理作为构建动态能力实现边缘竞争的重要环节，从而建立新的资源与竞争优势观：从以往静态的、绝对的、墨守成规的资源与竞争观念，向当下及未来动态的、相对的、拼搏向上的资源与竞争观念转型。企业高层管理者应当认识到：在高速动态的市场中，任何传统意义上可以提供持续优势的稀缺资产都可能在突如其来的市场冲击下变得不再有价值，过去静态的、依赖初始禀赋的竞争方式变得不再可靠；与之相反，企业只有通过创造性地整合、构建和重构资源及能力，不断积累创新资源，提高创新能力，获取基于创新的熊彼特租金，才能在不断变化的环境中获得持续竞争优势。

知识战略：动态视角下企业核心能力的重塑

在战略管理的新框架下，除了创新过程，企业的知识创造与管理能力也是动态能力获得的关键。佐洛（Zollo）与温特（Winter）讨论企业动态能力的获得方式，认为动态能力的获得依赖组织学习，通过（1）经验积累（Experience Accumulation）；（2）知识表达（Knowledge Articulation）；（3）知识编码（Knowledge Codification）来实现。从源流上看，这一思路来自知识基础观（Knowledge Based View, KBV），将企业看作获得、处理、使用知识的学习型组织。毫无疑问，对组织学习的过程与机制的研究，最终会落脚到对知识的讨论。然而，无论是战略管理的经典框架还是关于动态市场的分析框架，都未将知识管理纳入其中。

从更系统的知识管理视角来看，知识是企业重要的竞争性资源，是构造企业的核心能力与动态能力的关键。野中郁次郎（Ikujiro Nonaka）认为，西方学者之所以不愿意研究知识创新，其重要原因是他们理所当然地把组织看成一个"信息处理"的机器，从泰勒（Taylor）到西蒙（Simon），这个观点深深地植根于西方管理的传统体系中。他进一步指出，西方人认为，知识是显性的，可以用语言、文字或者数字表达，德鲁克（Drucker）和托夫勒（Toffler）等均没有摆脱这一点。而东方人认为，知识更多以隐形的方式存在,它们包括了技术诀窍,更包括理念、情感等认知。

因此,在战略管理的新框架中,应更加关注企业的知识管理过程与能力的塑造,将其视为变化市场中企业动态能力获得的重要前因要素。将知识管理的分析纳入战略管理的新框架中,有利于解决资源观与能力观的"同义反复"问题,也有助于解释变化环境中企业动态能力获得的途径与机制。

在知识经济不断发展的当今世界,企业依靠传统行业壁垒与优势资源获取竞争优势的策略正在愈发无以为继,产业的不断重组与分化使得企业战略的制订者顾盼两难,知识的创造与管理能力成为新时代企业核心能力的主体以及动态能力的基础,知识管理将成为战略管理新框架中不可忽视的重要一环。

整体论与统筹观:新时代东方战略思想的实质引入

对于战略管理的现有框架而言,最为突出和亟待解决的是战略思想与战略视野的"短视",即只关心外部环境的"当下"变化,缺乏对数字科技时代的新竞争优势的前瞻性思考,对关乎企业可持续发展与永续经营的社会大趋势回应不足。这是因为当前框架没有将源自东方的战略思想和战略智慧纳入战略管理体系之内,缺乏整体性思维指导下的时空观、竞争观、资源观与伦理观。

新一代战略管理框架,应当引入以统筹观与整体论为核心的东方战略思想,强调和弘扬中国哲学与人文精神,扎根于天人合一等传统思想,将东方战略思想作为统领企业战略决策的整体性、动态性的系统性纲领。

(1)天人合一:东方传统战略思想的整体论

天人合一作为中国传统文化整体论思想的至高境界,是儒家、道家等众多学说共享的世界观,其强调天、地、人相统一的思维体系,是战略管理全新框架中不可多得的纲领性指引。应当认识到,尽管西方知识体系注重"分析"的传统有其优越性,但缺乏系统性、前瞻性、动态性的整体思维也是其比较明显的短板。

应用于战略管理框架,天人合一的整体论思想强调自然规律、社会规律与人的发展规律的统一,强调企业发展与自然环境的和谐统一,与社会发展的协调一致以及对人的自我发展的关怀。在高级管理者眼中,企业不应是市场、社会乃至整个世界中的一个"原子",而应当是人类社会大系统中与外界广泛联系的一个"部分",其对整个系统的综合贡献才是支持企业可持续发展与永续经营的关键。

(2)历史-当下-未来:东方战略思想的时空观

东方传统文化对"历史-当下-未来"的思考体现了独特的战略思想"时空观",中国文化历来注重对历史的敬畏以及对未来的长远规划，印度哲学对时空的探索的重要体现是"三盒战略"，在Vijay Govindarajan（塔克商学院教授维贾伊·戈文达拉扬，学界简称VG）看来，管理当下、反思过去与创造未来是企业战略制订者的重要使命。

"三盒战略"基于印度的传统文化，将印度教的三神：毗湿奴，湿婆和梵天所代表的象征意义做隐喻，揭示企业创新过程中必须不断忘却过去的传统经验（Unlearning）、做好当前的业务深化，探索未来的业务发展，使创新活动获得全时域的战略均衡。做好当前业务的提升、企业发展的能力储备、未来业务的积极探索这"三个盒子"，使公司的精力与资源应达成"把握当下"与"创造未来"的最佳战略均衡能力和控制能力。

战略管理的新框架的建立，有利于在更深与更本质的层面上综合与统筹战略管理各学派的理论范式，有利于建立内外兼顾、长短期均衡、东西方融合的战略管理新范式。不仅如此，在高速变化的市场中，企业可以以新框架为指引，建立统筹创新战略与知识管理，塑造核心能力与动态能力，以回应、预测乃至引领社会变革，成为卓越的世界级创新企业。

战略管理的新框架，其核心是回归战略管理的本质，即"由外向内"与"由内向外"战略的统一，是对外部的"环境、市场、新科技"以及内部的"知识、创新、核心能力与动态能力"的统筹安排与整体性、系统性思考（见下图）。新框架不仅强调将波特范式下对企业外部环境的分析与资源视角下对企业内部资源的分析"连接"，更强调将二者进行系统性的整合，建立全时空、打通内外、统筹全局的战略管理体系。

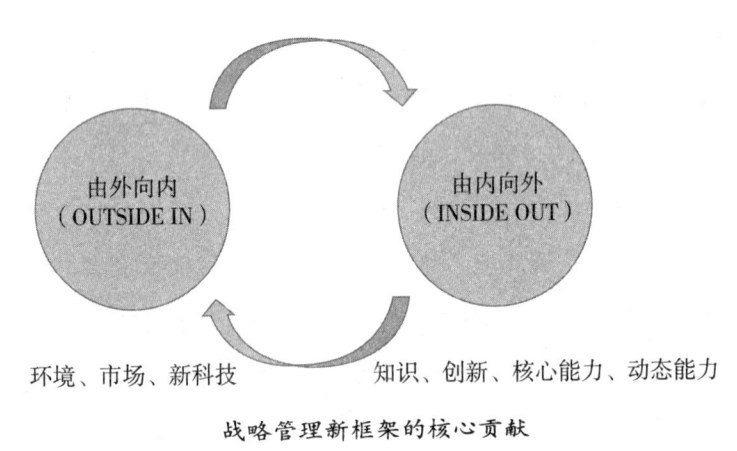

```
        由外向内              由内向外
      （OUTSIDE IN）        （INSIDE OUT）

  环境、市场、新科技      知识、创新、核心能力、动态能力
```

战略管理新框架的核心贡献

（本文初稿被《经济管理》录用，合作者：曲冠楠、王璐瑶）

将管理创新进行到底

根据中国企业发展战略和企业定位，我们可以看到中国企业管理发展的趋势：第一个阶段是以成本领先战略成长为产销世界第一的企业；第二个阶段是以差异化战略成长为世界级企业。未来中国企业的目标，是以持续创新与变革战略成长成为全球领袖企业。

打造世界级企业创新是关键

目前，中国企业的发展目标处于第二个阶段：打造世界级企业。打造世界级企业的指标体系，除了传统的财务指标评价，如重视销售收入、市场占有率和公司市值之外，还有三个指标同样非常重要，一是创新能力，二是社会责任感，三是智力资本。

中国企业当前的管理重点，就是如何打造世界级企业。在打造世界级企业的过程中，我们看到很多企业正在积极发挥数字科技的作用，但是我们也看到了目前人工智能和区块链技术过热的问题，以及由此带来的一些风险，例如，企业员工可能会更多地为机器所控制，这并不符合企业的生命观特征。2018年6月，美国前国务卿基辛格（Kissinger）写过一篇文章——《启蒙如何终结》（*How The Enlightenment Ends*）。他指出技术本来是应该提高人的觉悟的，但是技术现在开始控制人。这样的风险确实存在。我认为下一个管理的重点是要把人从技术中解放出来，避免技术的过多控制，同时积极提升企业员工主动管理的能力。

在管理过程中，企业员工不仅需要摆脱传统的只考虑技术的提升和沟通能力的提升，还应该考虑人生价值能力的提升，需要注重心灵资本的提升，激发人性的善良面。最近我做的一个研究就是如何做有意义的创新，即所创办的企业和推出的产品或服务对人类有意义，而非经济价值本身。

对于创新，我们以前比较重视技术创新，其实战略管理大师哈默十分重视管理创新。我提出来的整合式创新，也强调创新不能只关注技术的发展，还需要关注人文和市场，更要关注哲学观，特别是吸收中国传统文化的全局观、统筹观、和平观，这是整合式创新中一个非常重要的内容。

注重意义取向的第四代管理学

我们的传统管理深受牛顿思想的影响，管理更多重视纪律、精准、经济、理性和秩序，组织在某种程度上剥夺了人们的适应性和创造力，人们的创新和适应的天赋在这个管理过程中被过滤了。后来，美国的很多公司，如全食超市、戈尔和谷歌等，打破了科层制，让每个人成为创新者。这个过程值得很多人关注，在打破科层制的过程中，企业慢慢变成一个自主性的组织，这是很重要的管理创新。

今天，企业管理的目标是要回到我们今天所邀请的丹娜·左哈尔（Danah Zohar）教授所提出的量子管理。我觉得量子管理的价值，一是强调动态变革，二是强调发挥每个员工的创造力，三是强调重新思考人生的价值。量子管理非常重要的是让每个员工释放他的人生价值，这一点也是我今天演讲的重要观点之一。

传统的管理模式是计划、组织、领导、控制。在这种机械式管理中，人们会以消极的态度审视自己，在工作中将自己视为被动的、没有情感的、不能自我激励的人。传统的管理没有关注到人性的思考和人性价值的挖掘。在新的管理学范式中，我们必须从机械观回到生命观，更加关注人性和人性价值。

我现在正在做的第四代管理学，就特别注重价值和意义取向，提出管理学应该进一步弘扬中国哲学与人文精神，以整体性、动态性和系统科学思维，来推动哲学、科技与人文的有机融合。这个过程中我们要用到中国传统的文化，比如对立统一、有机整合、动态发展等哲学思想，这些中国传统哲学对于我们的管理变革有着非常重要的启发。在这个过程中我们不能只唯科技是问，因为人类面临的困境并不是技术不够先进，而是我们的大多数人没有找到生活的意义。

所以我提出的第四代管理学理论，目的是超越西方第一代古典管理、第二代现代管理、第三代后现代管理的。在第一代古典管理中，人们更关注理性与规范；在第二代现代管理中，人们关注的是动机和需求；在第三代后现代管理中，人们更关注的是知识与创新；在第四代整合式管理中，我们要关注的是新科技和哲学。

在第四代整合管理时代，除了要面对新技术的挑战，我们也需要更多启蒙，需要进一步了解现代文明，对人性有更多更深入的认识。我们不能完全靠先进的数据驱动和算法驱动，还需要启蒙的驱动。

2019年，我很重要的一个工作，是要做一套引领未来的丛书。我们中国以及中国的企业正在走向未来，我们下一步的目标是中华民族强大，能够引领未来；中国企业强大，能够成为全球领袖企业。我希望这套书能够帮助中国完成第二代启蒙。从中国学者编的第一代启蒙丛书中，我们能够知道人未来到底在寻找什么。那么，我们希望从我们编的第二代启蒙丛书中，人们能够知道应该如何引领未来。我们不能停止启蒙，中国在经济发展的同时，更要有思想，这对中国的发展是非常重要的，对于中国企业如何成长为全球领袖企业也至关重要。

提升心灵资本，强化正向动机

这就是我之所以如此推崇丹娜·左哈尔教授的量子管理的原因。量子管理很重要的一点，就是要提高人性的正向能力，重视心灵资本。我和丹娜·左哈尔教授约定，2019年开始我们要更多地从事有关心灵资本方面的研究，撰写有关这方面的书籍。心灵资本(灵商，SQ)的定义就是在自我体悟、自驱力、目标与价值导向、同理心、整体性、包容多元化方面有更多的探索，让人们有更独立的立场，勇于质疑，基于目标与价值导向，拥有开阔思维，更加谦卑和具有使命感。我们可以看到，灵商超越了注重训练人们理性认知能力、逻辑思维能力和任务导向的IQ（智商），也超越了注重训练人们感性认知能力，情绪评估处理能力和感知环境能力的EQ（情商），SQ注重训练的是人们的变革型智力、深层认知自我的能力、创新的能力，以及动机的驱动力。我们现在普遍缺乏对员工SQ的训练，大量的员工就像詹姆斯·马奇（James G. March）说的，是一个管道工而不是诗人。意大利工人一边引吭高歌一边制作皮鞋，所以意大利皮鞋能够成为奢侈品。原因之一是这样的管理发展了员工的正向动机，减少了员工的负面动机。正向动机中包括了启蒙、世界灵魂、服务精神、开创、专精、内在力量、协调与合作、探索；而负面动机包含了好胜、愤怒、贪欲、恐惧、苦恼、冷漠、内疚与羞耻、人格分裂。我们需要训练我们的员工成为有更多探索性、合作性、服务精神的人，这才是更加有价值的管理，也是管理创新的重要趋势。

英国作家塞缪尔·斯迈尔斯（Samuel Smiles）曾经说过，天才总是受人崇拜，但品格更能赢得人们的尊重，前者是超群智力的硕果，后者是高尚灵魂的结晶。从长远来看，品格主宰着人的生活。

所以，我们在企业管理过程中一定要提高员工的心灵资本。心灵资本富有哲学精神。我们中国人是有哲学精神的人，我们看范仲淹，他一句"先天下之忧而忧，后天下之乐而乐"对中国产生了非常大的影响。这种情怀是中华民族非常重要的思想之源，也是中华民族能够进一步发挥全球影响力之源。他的思想非常有价值，也值得提倡。他的思想启示我们，企业的管理工作不应仅仅是对显性短期利益的追逐，而是要追求社会整体福利的改进。这就是我们管理者要做的工作。

为此，2018年我们创办了一本新杂志《全球变迁》。我们不能只解决中国的问题，而要对全球的问题做出新的改变。全球面临最大的挑战不是经济发展问题，而是全球变暖；第二个是环境的可持续性；第三个是人机对抗，比如以后如何才能做出更多更好的人机协同方案；第四个是需要更有人性的老年社会——我们中华民族有着尊老爱幼的文化传统，应该摆脱美国和日本的养老模式；第五个是我们刚才说的自我实现的场景，而不是让员工从事简单重复性工作；第六个是和平，和平不仅仅是没有战争，更要时常保持每个人内心的平静。这六个目标揭示，企业发展目标已经不是纯粹的经济目标，而是更多的社会目标和人性目标，这就是我对未来管理的预测。

在这个过程中，我们的管理者不是传统的企业家。传统的企业家以商业目标为准，我们未来的企业要开始向创新领袖的目标迈进，除了产生颠覆性的技术，还要提高企业产品的文化意义，成为在未来非常有影响力的企业家。苹果公司就是一家很注重文化的公司。中国企业要崛起的话就要做创新领袖，领导变革需要更多去研究战略视角和意义的驱动，企业家要成为有意义的创新者，最终成为创新领袖。

最后，我以《荒谬之外》作者傅佩荣先生的一段话结束我今天的演讲："使我认识西方人，甚至现代人内心隐痛的，是加缪；使我决意正视荒谬并努力超越的，是加缪；使我承担西西弗斯巨石、勇敢推向山顶的，是加缪；使我亲切体察人类意识与人性尊严的，也是加缪；我所依存的信念与智慧固然得自东西方的古代圣哲，但是勇气则得自加缪。"

管理创新的终极目标是帮助我们的员工获得勇气，谢谢大家！

（本文原载于《清华管理评论》微信公众号，根据陈劲教授在"创新·赋能"第二届管理创新高峰论坛上的发言整理）